—

청소년 절도행동의

성균관대학교 외상심리연구소
상담자를 위한 상담실무서 시리즈 1

이해와 상담개입

이동훈 · 류도희 · 김세진 · 전지열

조미영 · 이진현 · 방소희 · 신채영 지음

이 저서는 2021년 대한민국 교육부와 한국연구재단의 지원을 받아
수행된 연구임 (NRF-2021S1A3A2A02089682)

언젠가 청소년상담기관에서 근무하시는 한 상담자 분에게 메일을 받은 적이 있다. 이유인즉, 절도 청소년을 이해하는 데 있어서 참고할 만한 교재가 없었는데, 내가 작성한 논문을 참고해서 큰 도움을 받았다는 것이었다. 그제서야 나는 청소년 관련 기관에 종사하시는 분들이 절도 청소년을 이해하고 상담에 참고할 만한 자료가 많지 않다는 것을 알게 되었고, 절도 청소년들을 직접 만나는 분들을 위해 학술적인 논문보다 좀 더 쉽고 용이하게 접근할 수 있는 자료를 제작하는 것이 필요하겠다는 생각이 들었다.

　그래서 이 책은 바로 이런 분들을 위해 기획되었다. 구체적으로 '절도 청소년들을 어떻게 이해해야 할지, 상담장면에서 무엇을 고려해야 하고 어떻게 개입해야 할지'에 대한 질문을 가지고 기술하였는데, 1장 '청소년 절도의 이해'에서는 청소년 절도의 실태·현황, 현행법적 절차, 청소년 절도행동의 요인 및 특징 등에 대해서 살펴보았고, 2장 '청소년 절도 행동에 대한 개입'에서는 상담자들이 상담 전에 체크해 보아야 할 체크리스트와 원인별 개입 방향, 다양한 사례이해 과정 등에 대해 기술하였다.

이 책이 집필 목적대로 절도청소년을 현장에서 만나고 이들을 이해하기 위해 고민하고 있는 청소년 상담자, 사회복지사, 보호관찰관 등 청소년 분야 종사자 분들에게 유용한 자료로 활용되면 좋겠다. 거의 모든 성인범죄의 시작은 청소년 범죄에서 시작되고, 청소년 범죄는 절도에서 시작되어 지능화, 집단화, 폭력화, 저연령화 되어 가고 있는 게 사실이다. 또한, 이 분들의 도움을 통해 절도 청소년들의 범행이 성인까지 이어지지 않고, 긍정적인 방향으로 개선되어 가는 데 조금이나마 도움이 될 수 있기를 바라본다. 끝으로, 이 책의 출판을 전폭적으로 도와주시고 지원해 주신 박영스토리 노현 대표님과 꼼꼼한 편집을 통해 좋은 책이 나올 수 있도록 도움주신 윤혜경 선생님께 감사함을 전한다.

성균관대학교 **이동훈**

목 차
CONTENTS

부록

01

청소년 절도의 이해

들어가며 _저자의 말

청소년 범죄에서 가장 높은 비중을 차지하는 범죄 유형은 재산범죄이다. 그중에서도 절도의 비중은 가장 높은 것으로 나타났는데 이는 전체 소년 재산범죄의 68%에 달하는 수치이다. 이처럼 청소년 절도범죄는 매우 심각한 사회적 문제로 대두되고 있는데, 범죄가 드러나는 양상 또한 최초 범죄 행동의 연령이 점점 낮아지는 '저연령화', 공동범 형태의 범죄 행동이 많아지는 '집단화', 범행 방법이 폭력과 결합하여 나타나는 '흉포화' 등으로 나타나고 있다. 실제로 청소년 절도범죄는 폭행, 상해 등의 폭력 행동과 결합되어 성인범죄를 모방한 강력 범죄로 확대되어 가고 있다.

또한 청소년 절도범죄와 관련하여 많은 전문가들은 높은 재범률과 성인기로의 전이 문제를 지적하고 있다. 2019년의 경우, 소년 절도범 전체 중 46%가 재범인 것으로 확인되었고 재범자 중 45%는 2년 이내에 다른 형태의 범죄를 일으키는 것으로 보고되었다. 이는 청소년기 절도행동이 절도 이외의 범죄로 이어질 가능성이 높다는 것을 시사하며 실제로 성인기의 범죄를 예견한다는 다수의 연구 결과가 그 주장을 뒷받침하고 있다. 다시 말해 성인범죄자의 많은 수가 청소년 시기부터 시작된 범죄일 가능성이 높고, 그 최초 범죄가 절도일 가능성이 매우 높다는 의미이다.

이처럼, 사회적 변화에 따른 청소년 절도행동의 특성을 살펴볼 때 청소년 절도행동에 대한 전문적 이해와 개입이 사회적으로 요구되고 그 필요성은 나날이 높아지고 있다고 볼 수 있다. 특히 성인 재범으로 이어질 확률이 높은 청소년 절도범죄에 대해 적절하고 효과적인 조기 개입을 제공하는 것은 장기적으로 사회 전체의 범죄율을 낮추어 사회적 비용을 줄이는 효과로 이어질 것이다.

사법 기관은 청소년 절도범에 대한 사회적 낙인 효과와 재범률, 재비행을 줄이는 방안으로 법적 처벌을 바로 내리지 않고 지역 청소년 상담센터와 연계하여 상담 프로그램을 필수 이수하도록 하는 심리적 개입 및 사회 적응 교육을 제공하고 있다. 절도행동을 한 청소년이 자신의 문제행동에 대해 스스로 자각하는 기회를 제공하고 성인 누범 범죄자가 되는 경로를 조기 차단하는 효과를 기대 목표로 둔 조치라고 할 수 있다.

이러한 목표가 상담 과정에서 충분히 다뤄지기 위해서는 지역 일선에서 활동하는 상담자들의 역할이 매우 중요하다. 절도행동을 하는 청소년의 특성에 대한 이해 및 상담개입 방법에 대한 교육이 절도행동 청소년을 만나는 상담자들에게도 반드시 필요하다. 법적 처리 절차에서 간과될 수 있는 절도행동에 대한 심리·사회적 원인과 내적 동기를 분명히 탐색하고 대안 행동을 강화하여 재범 방지 및 적응적 생활을 돕는 과정이 필수적으로 진행되어야 한다. 그럼에도 현재 지역 청소년상담기관에서 절도 청소년에 대한 개입에 많은 어려움을 겪고 있는 이유는 지금까지 그 대상 특성에 관한 국내 연구가 이제 시작단계에 있고 전문적 개입에 관한 정보가 거의 알려지지 않았기 때문이다.

이 책은 바로 이러한 청소년 절도행동에 대한 전문적 이해와 개입에 대한 사회적 필요에 응답하고자 집필되었다. 절도행동을 하는 청소년에 대한 깊이있는 이해와 효과적이고 통합적인 개입 방향을 제시하고자 하였다. 특히 상담적 개입 과정에서 절도행동을 하는 청소년들의 심리·환경적 특성을 면밀하게 파악하는 사례 이해 과정을 제공하여 사례 특성에 따른 요인별 개입의 폭을 넓히고자 하였다. 이 책이 청소년 상담자, 사회복지사, 보호관찰관 등 청소년 상담복지 영역 종사자들에게 청소년 절도행동에 대한 효과적 개입을 하는 데 유용한 자료로 활용되길 바란다.

I. 청소년 절도의 실태 및 현황

2019년도 소년범죄자(0~18세)는 6만 6천 명으로 전체 범죄자 중 3.8%의 비율을 차지한다. 2011년부터 2019년까지 소년범죄자 추이를 살펴보면, 2012년 학교폭력에 대한 강력 대응책의 시행으로 인해 소년범죄자 수가 10만 7천 명까지 증가하였다가(그림 1)(청소년 통계, 2021),[1] 그 이후 4년간 점차 감소추세를 보였으나 2016년 이후 현재까지 일정 비율이 지속되고 있다.

범죄유형으로는 재산범죄가 가장 높은 비중을 차지하고 있었는데 2019년의 경우 재산범죄 42.0%, 강력 및 폭력 범죄가 28.1%, 기타(교통사범, 저작권법 위반 등) 24.4%, 강력(흉악)범죄 5.5% 순인 것으로 나타났다. 재산범죄의 유형은 절도, 사기, 횡령 등이 있는데 그중 절도의 비중이 가장 높았다. 2019년 소년 재산범 27,809명 중 절도 청소년은 17,141명인 것으로 나타났는데, 이는 전체 소년 재산범의 61.6%에 해당한다(범죄백서, 2020). 하지만 이러한 통계는 절도죄로 법적 처벌을 받은 경우에만 집계되는 수치이므로 경찰에 신고되지 않은 절도까지 고려한다면 실제 수치는 더 높다고 볼 수 있다(김해운, 2010).

---

[1] 통계청과 여성가족부가 매년 발간하는 청소년 통계

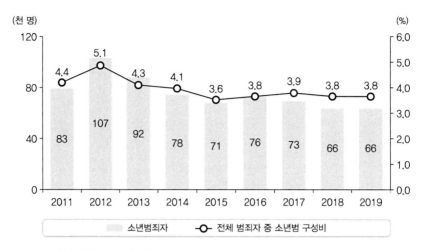

그림 1 소년범죄(2011~2019)

자료: 대검찰청, 「범죄분석통계」
주: '17년까지는 10~18세 피의자, '18년부터는 14~18세 피의자

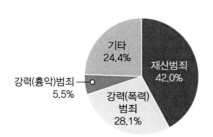

그림 2 범죄 유형별 소년범(2019)

청소년의 절도범죄는 절도범죄의 비중이 점차 증가하고, 범죄 행동을 하는 청소년의 연령이 저연령화 추세에 있다는 점, 그리고, 범행 방법이 폭력과 결합되어 흉포화되어 가고 있는 점에서 우려스러운 상황이다. 실제로 청소년 절도범죄는 폭행, 상해, 협박, 공갈 등의 폭력행동과 결합되어 나타나며, 성인범죄를 모방한 강력범죄(살인, 강도, 강간, 방화 등)로 확대되어 가고 있다(연합뉴스, 2010; 이동원, 2003).

청소년 절도범죄의 또 다른 특징은 공동범 형태로 나타나는 집단화이다. 2019년 청소년 절도범죄는 단독범행 4,772명, 공동범행 11,929명으로 공동범행의 비율이 69.6%에 달했다(범죄분석, 2020). 개인으로는 불가능한 행동이 집단행동에 의지하게 될 때 도덕관념과 판단력이 둔화되고 자제력

	소년절도범		단독범		공범		미상	
2019	17,141	100.0%	4,772	27.8%	11,929	69.6%	440	2.6%
2018	16,904	100.0%	4,466	26.4%	12,005	71.0%	433	2.6%
2017	20,008	100.0%	5,726	28.6%	13,937	69.7%	345	1.7%
2016	22,534	100.0%	6,607	29.3%	15,549	69.0%	378	1.7%
2015	21,170	100.0%	6,517	30.8%	14,286	67.5%	367	1.7%

표 1 연도별 소년범 단독범, 공범 현황(2015~2019)

을 상실하게 되며 범죄행위에 무책임해질 수 있기 때문에 공동범행의 형태는 청소년들이 절도범죄 행위에 가담하도록 하게 하는 요인이 된다(고운미 외, 2002).

또한, 청소년의 절도는 지속적으로 증가하며 재범화, 저연령화되는 경향을 보이고 있다. 청소년기 절도행동은 절도 이외의 범죄로 이어질 가능성이 높으며, 이 시기의 절도행동이 성인기의 범죄를 예견하기도 한다.

특히, 청소년 절도범죄와 관련하여 많은 전문가들이 가장 우려하는 점은 높은 재범률이다. 청소년 범죄 초범 비율은 소폭이나마 지속적으로 감소하고 있으나, 재범률은 2019년 40.04%[2]를 육박하고 있다(범죄분석, 2020). 이는 최근 10년간 23%에 머무르고 있는 성인범죄 재범률과 비교하면 2배가량 높은 수치이다. 2019년의 경우에는 소년 절도범 전체 17,141명 중 초범은 8,791명, 재범은 7,909명으로 46%가 재범인 것으로 확인된다(범죄분석, 2020).

더불어 재범 방지를 위해 보호관찰 처분을 받은 청소년 보호관찰 대상자 재범률은 11.3%[3]에 이르는 것으로 확인되었다. 그중에서도 청소년의 경우 절도범죄의 실제 재범률은 37.5%로 나타나 가장 높은 비중을 차지하

---

2 2019년 소년 재범 인원(26,531명) / 2019년 전체 소년 사범(66,247명)×100

3 2012년부터 2017년 7월까지의 보호관찰 청소년 재범률 평균치.

고 있었다(법무부 금태섭 의원실 보도자료, 2017). 이는 절도가 가장 손쉽게 저지를 수 있는 범죄이기 때문에 최초 절도 범행 시의 재범 방지 노력이 다각적으로 집중되어야 함을 시사하고 있다.

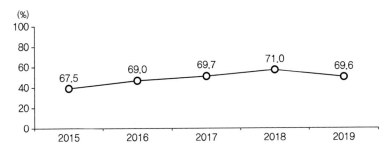

그림 3 연도별 소년범 공범 비율 추이(2015~2019)

	소년절도범		초범		재범		미상	
2019	17,141	100.0%	8,791	51.3%	7,909	46.1%	441	2.6%
2018	16,904	100.0%	8,241	48.8%	8,232	48.7%	431	2.5%
2017	20,008	100.0%	10,443	52.2%	9,032	45.1%	553	2.8%
2016	22,534	100.0%	11,488	51.0%	10,456	46.4%	590	2.6%
2015	21,170	100.0%	10,057	47.5%	10,552	49.8%	561	2.6%

표 2 소년절도범 초범 및 재범 비율(2015~2019)

청소년의 절도범죄가 재범으로 이어지는 이유는 사회적 분위기, 가족해체, 청소년 문화, 청소년 사법 정책 등이 복합적인 요인으로 작용할 수 있지만, 단순히 초범이라는 이유로 가벼운 처분을 내리는 것은 청소년 절도범죄의 재범 가능성을 높일 수 있다는 주장이 있다. 처음 절도범죄를 일으켜 경찰에 의해 훈방 조치되는 청소년들이 사법기관에서 법적 처분을 받는 청소년들보다 이후에 더 많은 범죄를 저지르게 된다(김영한, 서정아, 2003). 절도범죄 청소년을 일차적으로 접하는 경찰이 절도범죄 청소년들에게 재비행 방지 교육 없이 훈방조치하거나 보호자에게 인계하게 되면, 범죄 청소년이 자신의 문제행동에 대해 자각할 기회를 박탈할 수 있다. 이러한 선도 방법은 범죄 청소년들에게 사법체계가 예상보다 엄격하지 않고 형식적이라는 잘못된 사고를 심어주어 절도범죄의 재발로 이어지게 할 수 있다(이수정, 조은경, 2005).

그러나 이와 반대로 청소년 절도범죄자가 사법절차에 따라 처벌을 받고 범죄자로 낙인찍히게 되면, 낙인효과로 인한 사회적 입지의 추락이 재범으로 연결되어, 결국 성인이 되어서는 누범 범죄자가 된다는 주장도 있다(이병학, 2009). 이처럼 청소년 범죄자 중에서 전과자의 비율이 높아지게 되면 청소년기의 비행이나 범죄가 어린 시절의 한 차례 실수나 통과의례로 끝나지 않고 지속되어 성인범죄자로 발전하게 될 가능성도 있기 때문에 사법기관의 신중한 사법처리가 필요하다는 주장도 있다(이동원, 2003).

2007년부터 경찰과 사법기관에서는 절도범죄 청소년에 대한 대책으로 이들을 훈방조치하거나 사법절차에 따라 처벌을 하기보다는 처벌 단계에서 바로 법적 처벌을 내리지 않고 지역의 청소년상담센터와 연계하여 이들을 선도하고 재범을 예방하기 위해 상담 프로그램을 제공하고 있다. 그러나 현재 지역 청소년상담기관에서 이러한 절도 청소년에 대한 개입에는 많은 어려움이 있다.

그 이유는 지금까지 청소년의 절도행동이 청소년 비행의 하위분류로 다루어져 왔기 때문에 절도문제를 일으키는 청소년의 특성에 대한 이해 및 상담개입 방법에 대한 정보가 청소년상담자들에게 거의 전무하기 때문이다. 교육학 및 심리학 관련 논문(Gorman-Smith et al., 1998)과 사회학 논문(Warr, 1993)에서 여러 가지 가설을 내놓고 있으나, 절도의 결정인자는 확인되지 않았고 절도를 촉진하거나 저지하는 환경에 대한 자료도 거의 없는 실정이다. 이에 현재 지역의 청소년 상담기관에서는 절도범죄를 일으킨 청소년을 대상으로 기존의 폭력예방 프로그램 또는 비행청소년이나 학업중단 청소년을 위한 프로그램 등을 사용하고 있다. 그러나 절도라는 청소년의 문제행동을 고려하지 못하고 상담프로그램을 진행하다 보니 절도 문제행동에 대한 효과적인 개입과 재범방지를 위한 예방적 개입에 많은 어려움을 겪고 있다.

청소년 비행과 반사회적 행동에 관한 연구들은 일관되게 청소년기 문제행동이 성인기 문제행동을 예측하는 강력한 지표라고 보고하고 있다. Farrington과 West(1990)의 연구는 10~16세에 유죄선고를 받은 영국 청소년의 73%가 17~24세에 다시 유죄선고를 받았다고 보고한다. 다른 연구들 또한 청소년의 반사회적 비행 행동은 시간이 갈수록 지속된다는 사실을 보고하고 있으며(Loeber, 1991, 1996; Michelson, 1987) 절도죄로 체포당한 전력이 있는 비행청소년의 경우 상당수가 성인범죄자로 발전한다는 연구 결과도 있다(Farrington, 1996; Michelson, 1987).

절도가 청소년 범죄 유형 중 가장 높은 비율을 차지하고 있다는 점, 다른 청소년 범죄에 비해 재범률이 매우 높은 점 등을 고려했을 때 사회적인 차원에서 그 원인과 대책, 이들에 대한 이해와 개입방법에 대한 연구가 매우 절실하다. 또한, 많은 절도 청소년들이 학교와 지역에서 어울리는 친구들과 공동으로 범행 저지르는 경우가 많다는 점에서 재범 방지를 위해 학교 및 지역사회 내 밀착 감독·지도의 필요성이 제기되고 있다. 따라서, 이를 토대로 절도 청소년의 문제행동에 대한 효과적인 개입과 재범방지를 위한 전문적 상담개입이 이루어져야 할 것이다.

2. 절도 청소년에 대한 현행법적 처리 절차

청소년 절도 행위의 재산죄 성립은 소년법에 의한 비행청소년의 법적 처리 절차와 동일하며 그 과정은 다음과 같다(김성이, 1996).

비행소년에 대한 법적 처리 과정의 첫 번째 단계는 경찰에 의한 단속 및 적발이다. 소년법 제4조에 의한 19세 미만 청소년이 경찰에게 단속 및

구분	내용	나이	법적처분
촉법소년	형벌 법령에 저촉되는 행위를 한 소년	10세 이상 14세 미만	보호사건
우범소년	• 아래 사유가 있고 성격이나 환경에 비추어 앞으로 형벌 법령에 저촉되는 행위를 할 우려가 있는 소년 • 집단적으로 몰려다니며 주위 사람들에게 불안감을 조성하는 성벽(性癖)이 있는 것 • 정당한 이유 없이 가출하는 것 • 술을 마시고 소란을 피우거나 유해 환경에 접하는 성벽이 있는 것	10세 이상 19세 미만	보호사건
범죄소년	죄를 범한 소년	14세 이상 19세 미만	형사사건 보호사건

표 3 연령별 법적 처분

적발되고 나면 연령에 따라 촉범소년, 우범소년, 범죄소년 등으로 분류된다. 촉법소년과 우범소년은 보호사건에, 범죄소년은 형사사건 또는 보호사건에 재분류되어 법적 처리 과정을 밟게 된다.

1) 소년 보호 재판 절차

먼저 형사사건의 경우, 경찰에 적발되면 검찰에 송치되고 검찰에서의 불기소, 형사법원에 기소 또는 소년법원에 송치된다. 보호사건의 경우, 경찰을 통해 소년법원에 직접 송치된다. 형사법원에서는 유죄의 판결과 무죄의 판결에 따라 법적 처리 절차가 달라진다. 유죄 판결을 받을 경우, 실형 선고에 의해 소년교도소에서 보호 및 교육을 받으며 이후 보호관찰과 갱생보호단체로 연결된다. 한편 무죄 판결을 받을 경우, 석방되거나 공소기각의 판결이나 결정 또는 면소의 판결을 받게 된다. 소년법원에서는 소년조사관이 판사에게 대상 소년에 대한 조사를 판사에게 보고함으로써 법적 처리가 시작된다. 이때 판사가 심리 불개시의 결정을 내리면 사건은 종결되고, 심리 개시의 결정을 내리면 심리가 진행된다. 이때 심리에서 불처분 결정이 되면 사건이 종결되고, 아니면 그렇지 않은 경우 보호처분이 내려진다.

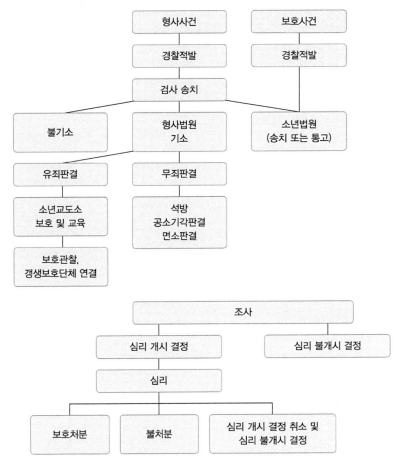

그림 4 소년 범죄 법적 처리 절차

2) 보호처분의 종류

구분	보호처분의 종류	기간 또는 시간제한	대상 연령
1	보호자 또는 보호자를 대신하여 소년을 보호할 수 있는 사람에게 감호 위탁	6개월 (6개월 연장 가능)	10세 이상
2	수강명령	100시간 이내	12세 이상
3	사회봉사명령	200시간 이내	14세 이상
4	보호관찰관의 단기 보호관찰	1년	10세 이상
5	보호관찰관의 장기 보호관찰	2년(1년 연장 가능)	10세 이상
6	「아동복지법」상의 아동복지시설이나 그 밖의 소년보호시설에 감호 위탁	6개월 (6개월 연장 가능)	10세 이상
7	병원, 요양소 또는 「보호소년 등의 처우에 관한 법률」상의 소년의료보호시설에 위탁	6개월 (6개월 연장 가능)	10세 이상
8	1개월 이내의 소년원 송치	1개월 이내	10세 이상
9	단기 소년원 송치	6개월 이내	10세 이상
10	장기 소년원 송치	2년 이내[4]	12세 이상

표 4 10가지 종류의 보호처분 요약표[5]

---

4 소년원에서 성실히 생활하는 소년의 경우에 13개월 정도 되면 출원.

5 소년법이 개정되면서 보호처분의 종류와 부가처분의 종류가 확대됨.

❖ **보호관찰처분에 따른 부가처분의 종류**

- **대안교육 및 상담·교육명령**: 4호 또는 5호의 처분을 할 때 3개월 이내의 기간을 정하여 「보호소년 등의 처우에 관한 법률」에 따른 대안교육 또는 소년의 상담·선도·교화와 관련된 단체나 시설에서의 상담·교육을 받을 것을 동시에 명할 수 있다.
- **외출제한명령**: 4호 또는 5호의 처분을 할 때 1년 이내의 기간을 정하여 야간 등 특정 시간대 외출을 제한하는 명령을 보호관찰대상자의 준수 사항으로 부과할 수 있다.
- **보호자에 대한 특별교육명령 제도**: 소년부 판사는 가정상황 등을 고려하여 필요하다고 판단되면 보호자에게 소년원·소년분류심사원 또는 보호관찰소 등에서 실시하는 소년의 보호를 위한 특별교육을 받을 것을 명할 수 있다.

소년의 경우 일반적으로 죄를 범했다 하더라도 엄벌보다는 다양한 처분을 통해 선량한 사회의 일원으로 재통합될 수 있도록 하여야 한다. 이는 소년의 특성에 비추어 비행소년을 처벌대상이 아닌 보호대상으로 이해하고, 교육적·인도적·복지적 관점에서 형벌보다는 교육을 통한 사회복귀를 지향한다는 목적을 가지고 있기 때문이다(박영규, 2011). 개정 소년법상 보호처분은 10호까지 확대되었으며, 보호처분의 실효성을 위해서 사회봉사명령, 수강명령을 적극적으로 활용하고, 인성교육 위주의 다양한 교육을 실시 할 필요가 있다(김지선, 2009).

수강명령은 절도·폭력·교통범죄 및 성폭력 범죄 등을 저지른 소년 사법에 대해 주로 초범일 때 부과된다. 수강명령의 본래 목적을 달성하기 위해서 수강대상자 개인의 행동수정에 초점이 맞춰져야 하며, 대상자의 정서·인지·행동적 측면에서의 욕구수준들에 대한 정밀한 분석이 선행되어야 함에도 불구하고(김성언, 2008), 기존의 프로그램이 너무 형식적, 획일적이며 단조로워서 실질적이고 전문적이지 못하였다는 점이 문제점으로 지적되어 왔다(박영규, 2011; 이정주, 2009). 따라서, 교육의 필요성이 높고 집중적인 교육을 받아야 할 소년들에 대해서는 장시간의 수강명령을 부과하고, 교육 필요성이 상대적으로 적은 소년에 대해서는 단기간의 프로그램에 참여하는 방안을 마련하는 것이 필요하다. 더 나아가, 기존의 사회봉사명령제도는 지역사회의 피해를 회복하는 데만 중점을 두고 피해자의 피해회복에는 무관심하였다는 문제점이 제기되므로 사회봉사명령에 회복적 사법을 적용한 구체적인 프로그램이 필요할 것이다(박영규, 2011).

개정소년법에서는 어린 소년의 범죄 건수가 나날이 증가하고 있고, 나이가 어릴수록 범죄가 상습화되기 쉬우며, 소년의 성숙도가 과거보다 빨라졌다는 등의 이유로 하한 연령을 기존의 12세에서 10세로 하향 조정하였다. 촉법소년이나 우범소년의 연령을 낮춘 것은 비행의 초기단계에서 형사제재를 과하려 하기보다는 비행의 초기단계에서 교육적·복지적 처분을 함으로써 비행성의 고착화와 이로 인한 범죄소년 혹은 성인범죄인으로의 전락을 미리 예방하려는 것이다. 하지만 기간이 보다 길어진 장·단기 보호관찰, 6개월 이내의 단기 소년원 송치, 그리고 새로 마련된 1개월 이내 단기 소년원 송치처분이 가능하게 됨에 따라 어린 소년들에게 이와 같은 무거운 처분을 내리는 것이 타당한가에 대한 문제점이 제기되고 있다(이정주, 2008). 또한 촉법소년의 연령이 하향 조정되었지만 그에 따른 처분 방식은 변화되지 않아 낮은 연령의 소년들을 범죄자로 만들어가는 것이 아닌가 하는 우려도 나오고 있다(류여해, 2009).

보호소년에 대한 교정이 제대로 기능하기 위해서는 제대로 대상자를 선정하여 그에 맞는 프로그램을 진행하고, 향후 재범위험성을 파악하여 다시는 범죄를 저지르지 않도록 하며, 정상적으로 사회에 복귀할 수 있도록 사후관리가 효과적으로 이루어져야 할 필요가 있다(이정주, 2008). 이를 위해서는 지역사회의 적극적인 관여가 필요하다. 지역사회는 비행청소년들에게 필요한 서비스의 공급뿐만 아니라 비행성의 진단, 처우방식 및 처우 내용의 결정과정에서도 중요한 역할을 담당하고 있다. 지역자원들을 소년사법체계와 연계하기 위해서는 적절한 네트워킹 전략이 마련되어야 한다. 현재의 청소년상담지원센터를 중심으로 지역자원을 연계하는 CYS-NET(지역사회통합지원체계)를 활용하거나, 소년사법기관(경찰, 검찰, 보호관찰소, 소년원, 법원 등)이 허브기관이 되어 보호소년들의 처우에 필요한 지역자원들과의 연결망 구축이 필요할 것으로 보인다. 또한, 대상자의 특성과 수강시간을 고려한 표준화된 사회봉사 및 수강명령 프로그램 개발을 통해 보호대상자의 적극적 참여를 유도해야 할 것이다(김성언, 2008).

3. 청소년 절도행동의 요인 및 특징

1) 심리적 요인

청소년의 절도는 여러 요인 간의 복합적인 상호작용에 의해 나타나는 결과이다. 특히 심리적 요인의 경우, 청소년을 둘러싼 여러 가지 요인이 동반되어 나타나는 것을 확인할 수 있는데 다음에서 언급될 자존감, 남성성, 도덕성, 재미와 스릴, 자극추구성향, 욕구통제능력 등은 선행연구에서 청소년의 절도행동을 가장 많이 설명하는 변인들이다.

❶ 자아존중감

청소년의 절도행동에 영향을 끼칠 수 있는 심리적 요인으로 자아존중감을 들 수 있다(Goldner, Geller, Birmingham & Remick, 2000). 자아존중감은 자신에 대해 느끼는 전반적인 감정이며, 자신에 대해 갖는 긍정적 또는 부정적인 태도이다. 다시 말해, '나 자신을 얼마나 좋아하는가' 하는 차원의 문제이다. 청소년기는 스스로에 대해 타인이 자신을 어떻게 인식하는지에 따라 자기개념으로 대표되는 자아존중감 수준이 달라질 수 있으며, 이는 청소년이 자아정체감을 형성하는 데 큰 영향을 끼치게 된다(김정운, 김영희, 2009). Moffitt(1993)는 자아존중감이 낮은 청소년들은 자신이 원하는 결과를 얻기 위해 노력하기보다는 포기하기 쉽고, 어려운 과정보다는 손쉬운 방법을 선택할 가능성이 높아 비행행동의 유혹에 쉽게 빠지게 된다고 했다.

낮은 자아존중감은 심리적 충동이나 반사회적 행동을 적절히 조절하고 통제하기 어렵게 만들기 때문에, 자아존중감이 낮은 청소년은 자신의 충동을 통제하지 못하고 절도행동에 빠지게 된다(이동원, 2003; 정익중, 2006; Babin & Griffin, 1995). 한편, 절도청소년들은 낮아진 자아존중감 수준을 회복하는 데 절도행동을 시도하기도 한다(김경호, 2008). 청소년에게 절도행동은 다른 비행과 달리 전체적인 상황을 충분히 파악하고 계산해야 하는 지능형 비행으로, 이에 성공하는 것은 폭력 비행을 저지른 청소년들과는 다르게 자신의 머리가 똑똑하다고 인식하는 계기가 되기도 한다. 이러한 인식은 절도를 성공하게 되었을 때의 성취감으로 인해 낮아진 자아존중감을 증진시켜 줄 수 있는 것으로 알려져 있다.

또한 자아존중감은 절도행동에 유혹을 느낄 수 있는 부정적인 상황에서도 청소년을 보호할 수 있는 내적 보호요인으로 작용할 수 있으며(이경님,

2003; 이은진, 2004; Hamid, 2007), 높은 자아존중감은 스스로 자신을 조절할 수 있는 힘을 가지게 하므로 절도행동의 충동을 감소시킬 수도 있다. 요컨대 절도 청소년의 행동을 이해하는 데 있어서 낮은 자아존중감이 스스로 자신의 충동조절에 실패하게 하여 절도행동을 일으키기도 하지만 절도행동을 통한 성취경험이 절도청소년들의 자아존중감을 증가시키기도 한다는 점을 고려하여 절도청소년들이 올바른 자아존중감을 형성할 수 있도록 도와줄 필요가 있다.

❷ 남성성

남성성은 남성의 범죄나 남자 청소년의 비행에 많은 영향을 미친다 (Connell, 1995; Messerschmidt, 1993, 2000). 남성성은 나약함, 의존, 돌봄, 감성, 관계지향의 여성성과 반대로 강함, 독립, 합리성, 적극성, 주도성, 성취와 경쟁으로 나타난다(김경호, 2007). 여성은 타인과의 관계 속에서 자신의 가치를 느끼기 때문에 관계와 희생을 중요하게 생각하지만 남성은 타인과 분리된 개별성 및 타인과의 경쟁을 중요시한다(Gilligan, 1982). 남성성의 강함, 주도성, 성취와 경쟁지향적인 특성은 때때로 문제행동을 일으킬 수 있는데 이와같은 이유로 남성은 여성에 비해 훨씬 많은 범죄를 저지른다. 남자 청소년들은 합법적으로 학업 성취나 직업적 성공 등을 통해 남성성을 표출할 수 없는 경우 자신의 남자다움을 보여주기 위해 범죄나 비행

등에 의존하는 경향이 있다. 더욱이 청소년기의 특성상 또래 안에서 자신의 강함과 성취, 경쟁을 나타내고자 폭력이나 절도와 같은 비행 행동을 드러내는 경우가 많다.

미국의 범죄 보고서에 의하면 2000년에 절도로 체포된 청소년 중 70%가 남자 청소년인 것으로 나타났다(U. S. Department of Justice, 2001). 김경호(2008)는 질적연구를 통해 남자 청소년의 절도의 원인을 경제적 능력의 과시, 모험심과 용기의 과시, 지적 능력의 과시 등으로 보았다. 여성의 경우에는 자신의 여성성을 과장하기 위해 관계에 치중하고자 하기 때문에 절도를 통해 자신의 위치나 힘을 드러내고자 하지 않지만 남자 청소년은 자신의 남성성을 과시하기 위한 소비와 유흥을 위해 절도를 하고, 이를 통해 주변 친구들에게 자신의 경제적 능력을 과시하면서 남성다움을 표출한다. 남자 청소년의 남성성 발달단계에 따라 절도행동에 미치는 영향에 차이가 있는데, 17~19세의 청소년의 경우, 남성이 된다는 기대효과가 크게 작용하여 절도에 보다 많은 영향을 미친다(Regnerus, 2002). 또한 Spencer(1999)는 남성성의 발달을 생태체계이론에 근거하여 환경적 스트레스와 밀접한 관련이 있다고 보고하였다. 학업 성취의 실패, 환경적 요인의 결핍과 같은 스트레스 환경에서 남자 청소년들은 그 대처방안으로 절도와 같은 비행행동을 저지르게 될 수 있다. 따라서 남자 청소년의 남성성을 적절하게 다루는 데 있어 환경적 스트레스 또는 그 맥락을 고려하는 통합적인 접근이 필요할 것이다.

❸ 도덕성

도덕성이란 인간 상호 간의 복리와 행복을 위한 행동에 있어 중요하게 작용하는 개인의 신념이나 판단이다(김애순, 윤진공, 1997). 도덕적 개념 및 행동은 환경의 영향을 많이 받으며 특히 모방과 강화를 통해 발달하게 된다. 친사회적 행동과 일정한 도덕적 판단능력은 관련이 있기 때문에 도덕성이 낮은 청소년일수록 절도와 같은 문제행동을 일으킬 가능성이 크다.

Judy(2000)의 연구에서 절도행위에 관여한 적이 있다고 밝힌 청소년의 경우, 과거 절도 경험이 없다고 밝힌 청소년보다 도덕성 점수가 상당히 낮았으며 Cox(1993)도 상점에서 물건을 훔치는 아이의 행위에 도덕성이 영향을 끼친다고 하였다. Barry와 Laurie(1996)는 고등학생과 성인집단에게 상점 절도에 관한 시나리오를 읽게 한 후 절도행동에 대해 얼마나 호의적인지를 평가하고, 응답자에게 자신이 만약 절도행동을 할 경우, 시나리오에 등장하는 인물처럼 절도행동을 쉽게 생각하고 행동할 것인가에 대하여 평가했다. 그 결과, 상점 절도행동을 도덕적으로 관대하게 여기거나 사회문화적으로 허용 가능한 것으로 여기고 자신의 행위가 또래에게 힘이 있거나 대담하게 보인다고 생각하는 응답자일수록 절도행동에 대한 의지가 높은 것으로 나타났다. 이는 절도행동으로 인하여 우월감을 느끼는 정도가 클수록 도덕적 판단능력이 낮아져 절도행동을 증가시킬 수 있음을 시사하는 결과이다.

또한 연령에 따라 좀도둑질에 대한 윤리적 판단이 다른 것으로 나타났는데, 고등학생은 성인보다 절도행동이 크게 잘못되었다고 판단하지 않는 것으로 나타났다(Babin & Griffin, 1995). 이러한 결과는 좀도둑질이 고등학생 때 정점에 달하고(Cox et al., 1990), 좀도둑질하다 잡힌 이들의 약 40%가 청소년인 것으로 나타난 보고(Baumer & Rosenbaum, 1984)와 일맥상통한다.

이상의 연구결과는 청소년이 성인에 비해 절도행동에 대해 크게 잘못되었다고 판단하지 않는 것이 도덕성 발달과 관련이 있으며, 따라서 청소년기에 도덕성을 올바르게 재정립함으로써 절도행동으로 인한 우월감이 결코 올바른 것이 아님을 인식시킬 필요성을 시사한다.

❹ 자기통제력

자기통제력이란 순간만족과 쾌락, 충동을 자제하고 조절할 수 있는 개인의 능력을 말한다. Gottfredson과 Hirschi(1990)는 자기통제력이 어린 시절 가정환경과 부모의 훈육에 의해 형성된다고 주장하였다. 즉, 부모로부터의 감독이 소홀하고 무계획적 생활습관이 방치되며 잘못된 행동에 대해 적절한 제재를 받지 않고 자란 아이들은 자기통제력이 낮아져 우연한 기회에 우발적이고 충동적으로 쉽게 비행에 빠져들 수 있는 것으로 보았다.

자기통제력이 약한 청소년은 충동적이며 문제행동 성향을 가진 친구들의 유혹에 빠지기 쉽고, 거절을 잘하지 못한다(김지은, 1998; 전병재, 1991). 자기통제력이 부족할수록 인지능력이나 대인관계기술이 부족한 경우가 많기 때문에 학교에서 성취감을 느끼지 못하거나 친구들로부터 거부당하는 느낌이 들게 되고, 그러한 부적응 상황에서 벗어나고 즉흥적인 욕구충족을 위해, 문제행동에 가담하게 될 가능성이 높아진다고 하였다(박수수, 1991). 즉, 인지사회적 능력의 부족으로 인해 경험하게 되는 좌절이나 실패를 보상받고자 친구들의 권유에 의해 따라 문제행동 써클에 가입함으로써 소속감을 가지려는 경향을 보인다는 것이다. 김선희(2001)도 재산범죄와 폭력범죄, 지위비행(음주, 흡연, 무단결석 등과 같이 청소년의 지위로 인해 비행으로 분류되는 비교적 경미한 문제행동) 등 모든 유형의 비행행동과 범죄에 대해 자기통제력이 유의미한 영향을 미치는 것으로 보고하고 있다.

❺ 자극추구 성향

새롭고 강렬한 감각적 자극을 추구하는 개인의 특징을 감각추구성향 또는 자극추구성향이라고 하는데, Arnett(1996)는 새롭고 강렬한 감각적 자극을 추구하는 개인의 열망이 절도행동과 관련이 있다고 보았다.

청소년기는 신체적인 발달과 더불어 호기심이 왕성해지고, 새로운 경험에 대한 욕구가 강해지면서 개인적인 특성으로서의 감각추구성향이 두드러지는 시기이다(정옥분, 임정하, 정순화, 조윤주, 2010). 이수경(1998)은 비행이 정점을 이루는 15세에서 19세에 감각추구성향 또한 급증하는 패턴을 발견하고 비행과 감각추구성향이 서로 밀접한 관련이 있다는 연구결과를 보고하였다. 감각추구성향은 복잡하고 강렬한 욕구충족을 위하여 신체적, 사회적인 위험을 감수하면서까지 자극적인 경험을 추구하려는 것이다(Zuckerman, 1994). 그러므로 신기함이나 자극적인 경험에 대한 욕구가 강한 청소년기에는 다른 어떤 시기보다 감각추구성향이 높게 나타나는 특징이 있다(Cauffman et al., 2008; Steinberg et al., 2008).

감각추구성향이 높은 사람은 낮은 사람보다 주위의 환경과 사물들에 관심이 많으며 그에 접촉하려는 성향이 강하다(Zuckerman, 1979). 또한 감각추구성향은 다른 심리적 요인과 높은 연관성이 있다. 즉, 감각추구성향이 높은 사람은 외향적이며, 충동적이고, 반사회적이며 비동조적이고 불안 수준이 낮다(Zuckerman & Link, 1968). 약물, 음주행동, 학교생활부적응, 위험행동, 비행, 범죄 등과 같은 많은 문제행동은 감각추구행동과 관련되어 있고(김경희, 최미혜, 김수강, 2004; 박윤창, 이미경, 윤진, 1995; 오미경, 1997), 충동성 및 반사회적 행동과 관련이 있으며(Arnett, 1990b), 충동성과 결합한 감각추구성향은 알코올 중독에 중요한 예측요인이 된다고 보고되고 있다(Grau & Ortet, 1999). 또한, 감각추구성향이 높은 집단은 낮은 집단에 비해 인터넷 중독 경향성 및 인터넷 관련 비행 수준이 더 높은 것으로 나타났다(양돈규, 2000).

노정구와 김상조(2002)는 상점 절도에 대한 태도와 자극추구성향의 관련성을 알아본 연구에서 중·고등학생을 대상으로 상점 절도에 대한 태도, 예를 들면 '청소년기에 한번쯤 슬쩍하는 것은 괜찮다', '친구가 슬쩍하는 것이 나빠 보이지 않는다' 등의 투사식 질문을 실시하였다. 그 결과 청소년의 자극추구성향이 클수록 '재미 삼아 혹은 흥미로 상점 절도를 해도 된다', '한 번쯤 할 수도 있다'고 생각하는 경향이 높은 것으로 나타났다. 이는 자극추구의 세 하위요인인 변화추구, 일상탈출, 모험심 중 변화나 일상으로부터의 탈출심리가 상점 절도와 관련이 있음을 나타낸다. 즉, 청소년들의 상점 절도행동은 미성숙한 자아에 의한 범죄행위라기보다 일상으로부터의 탈출이나 변화를 추구하려는 소비자의 일반적 심리를 반영하는 것으로 볼 수 있다.

재산비행청소년들의 심리적 경험에 대한 질적 연구(김해운, 2010)에서 비행원인을 분석한 결과, '하고 싶은 것을 하기 위해 돈이 필요해서', '절도를 저지르고 난 후 느끼는 짜릿함이나 쾌감이 좋아서', '충동적으로 그냥 재미있게 보여서'라는 답변들이 있었는데, 이는 새로운 것이나 자극적인 것을 추구하려는 심리적 특성, 즉 감각추구성향에 기인한다고 볼 수 있다.

❻ 재미와 스릴

청소년 절도를 설명할 수 있는 또 다른 요인 가운데 단순히 재미와 스릴을 맛보기 위해서 절도행동을 한다는 관점도 있다. 범죄로 얻게 되는 이득은 물질상의 이득 외에도 심적인 이득이 있는데, Katz(1988)는 대부분의 범죄가 그 상황이 부여하는 순간의 만족과 쾌락으로 인해 발생하며 그러한 심적 이득이 범죄의 주요한 원인이 될 수 있다고 하였다. 즉, 우연한 기회에 접해 본 범죄 상황이 행위자에게 재미있고 스릴 있는 상황으로 판단될 때 범죄는 순간적이고 우발적으로 일어날 수 있는 것으로 보았다.

이러한 관점은 호기심이 증가함에 따라 새로운 경험에 대한 욕구를 충족시키고자 하는 청소년기의 자극추구성향과도 관련이 있다(정옥분, 임정하, 정순화, 조윤주, 2010). 즉, 자극추구성향이 높을 경우 즉각적인 쾌락과 흥분, 충동, 호기심을 충족시키기 위해 재미와 스릴을 추구하게 되는 것이다. 따라서 재미와 스릴은 청소년비행에 영향을 미치는 독립적 요인으로 보기보다는 자극추구성향의 측면에서 통합적으로 접근할 필요가 있다.

이성식(2000)은 범죄 상황에서 느끼는 재미와 스릴이 청소년 범죄의 중요한 동기가 된다고 하면서, 많은 청소년 범죄가 재미나 스릴로 인하여 순간적으로 발생한다고 하였다. 그는 자신의 연구에서 남자 청소년들에게 강도, 절도, 폭행과 관련된 범죄 상황을 각각 제시하고 그 상황에서 '재미와 스릴을 얼마나 느끼게 될 것 같은가'라는 방식으로 질문을 하였는데 절도행동에 관한 스릴의 평균이 가장 높은 것으로 나타났다.

Klemke(1982)는 자신의 연구에서 절도청소년들이 상점에서 물건을 훔치는 이유로 "잡히지 않고 빠져나갈 수 있는지 보려고(29%)", "재미와 흥분(13%)"이라고 답한 것을 근거로 인지적, 도덕적 동기보다는 정서적 동기와 절도행동이 관련이 있을 수 있음을 보고하였다. 상점 절도를 하는 이들의 대부분은 전문털이범이 아니라 절도를 함으로써 느낄 수 있는 스릴을 맛보기 위해 절도를 하는 것일지 모르며, 따라서 "유희"의 동기가 매우 일반적인 설명요인이 될 수 있다는 주장이 제기되고 있다(Barry & Laurie, 1996). 그러나, 이러한 주제에 대한 경험연구가 부족한 실정이므로 더 많은 연구가 필요한 것으로 보인다.

2) 사회·환경적 요인

청소년기의 발달적 특징은 사회적 관계의 확장에서부터 시작되고, 사회적 관계의 확장은 개인의 가치 형성에 큰 영향을 미치게 한다. 특히 가정 및 부모를 통해 인식한 전통적 가치를 학교 및 또래집단을 통해 실험해보고 그에 따라 자신만의 가치로 정립하는 과정을 거친다. 이때 사회·환경적 요인인 또래, 부모, 학교는 개인의 가치 정립에 결정적인 역할을 하게 된다.

❶ 또래의 영향

또래(peer)란 연령, 성별, 학년의 수준에서 비슷한 특성을 가지고 있고 신체적, 정신적 발달 수준이 비슷하며 사회적으로 동일시되어 함께 상호 작용할 수 있는 대상이다(Bussey, Perry, 1984). 청소년기의 또래관계는 성장기에 있는 청소년들에게 준거집단의 역할을 할 뿐 아니라 중요한 정서적 기반이자 활동무대이며 사회적·인지적·정서적 발달과 관련된 여러 가지 기술과 능력을 획득하는 데 필수적인 역할을 하게 된다(이시형 외, 2001).

청소년은 또래집단의 말이 자신의 가치와 자존심을 측정하는 것이라고 여겨 민감하게 반응한다. 또한, 또래집단에 소속되고자 하는 청소년들의 욕구는 집단 규범에 동조하는 성향으로 나타나기도 한다. 이는 집단 내부의 동조압력에 순응하려는 개인의 심리적 현상으로, 집단 혹은 다수에 일치하려는 경향을 의미하며 개인이 집단에 의해 영향을 받은 결과 개인과 집단 간의 일치도가 증가된 경우를 의미한다(김은진, 2001).

같은 집단에 속한 청소년들은 서로의 가치관이나 태도, 취미나 흥미 등이 같을 것이라고 기대하며, 또한 그렇게 되고자 노력한다. 또래집단의 행동 기준에 동조하거나 똑같이 생각하고 행동하고자 노력하며, 또래집단에 대한 강한 동조 경향을 나타낸다. 이는 학교 또는 사회에서 또래들에게 소외를 당하지 않을까 하는 불안을 지니고 있으며, 또래에게 인정받는 것,

특히 친한 친구에게 인정받는 것을 매우 중요하게 생각하기 때문이다. 청소년들은 독립성, 자율성을 추구하는 특성을 갖고 있으나 또래집단의 문화에는 매우 강하게 동조한다. 또한, 옷차림, 말투, 언어, 성인들에 대한 태도 등과 관련하여 또래집단의 규준대로 해야 한다는 강한 압력을 받게 된다(한국청소년상담원, 2002).

또래에게 거절당한 청소년은 그렇지 않은 청소년에 비해 만성적으로 반사회적 행동을 보일 가능성이 높다(Coie & Miller-Johnson, 2001). 평범한 또래에게 거절당한 아이들은 자기와 비슷한 아이들을 찾게 되고 그러한 아이들에게 끌리게 되는데 이는 일탈적 또래집단을 형성하는 토대가 된다. 또래집단은 은밀하면서도 공공연한 비행행동을 훈련할 수 있는 장소가 되고, 이러한 또래집단에 받아들여지면 아이들은 또래의 승인을 얻기 위해 더 많은 절도행동을 할 가능성이 높아진다(Elliot, Huizinga & Ageton, 1985; Elliot & Menard, 1996; Krohn, Massey & Skinner, 1987). 지속적인 반사회적 행동성향은 또래와 관계가 거의 없는 것으로 입증되었지만(Moffitt, 1993), 이러한 문제를 보이는 청소년들에게도 또래나 친구들은 비행행동의 기회를 제공하고, 동기를 부여하는 요인으로 작용할 수 있다.

Frank와 Gloria(1999)는 일반 청소년을 대상으로 절도행동에 관한 연구를 하였는데 절도를 한 적이 있다고 응답한 남자 청소년들의 경우, 외부 또는 상황적 강화가 절도행위에 영향을 미치는 것으로 나타났다. 즉 평소 또래가 절도행동을 도와주거나 도와서 같이하기를 요청하면 절도행동를 할 수도 있을 것이라고 생각하는 청소년들이 실제로도 상습적인 절도행동을 많이 한다는 것이다. 또한 다른 반사회적 행동에 비해 절도행동은 또래끼리 쉽게 동조하며 발각되지 않는 경우가 많아서 시간이 갈수록 강화될 가능성이 높다. 따라서 남자 청소년들은 절도행동이 또래 사이에서 지지와 수용을 받는 수단이 될 경우, 절도 행위를 할 가능성이 높아진다고 볼 수 있다.

남녀 고등학생을 대상으로 한 Judy와 Eileen(2000)의 연구에서도 또래집단의 영향이 부모의 보살핌이나 과보호보다 절도행동에 더 큰 영향을 미치는 것으로 확인되었다. Cox, Cox 그리고 Moffitt(1993)도 청소년의 상점 절도행동에 대한 연구에서 또래의 영향이 더 크다는 연구결과를 보고하였다.

한편, Regnerus(2002)는 연령에 따라 친구의 영향력에서 차이가 있으며, 높은 연령(17~19세)의 청소년이 또래의 영향을 보다 많이 받고 있다고 보고하였다. 또한 친구와 보내는 시간이 많을수록 절도와 같은 일탈행동을 할 가능성이 높다고 하였다. 그러나 절도행동의 횟수가 가장 많은 연령이 중간연령(14~16세)으로 나타난 이유는 높은 연령(17~19세)의 청소년들은 나이가 들면서 자율성과 그에 따른 책임감이 높아지기 때문으로 진단하였다. 이는 국내 소년 형법범의 높은 비율을 차지하는 연령대(14~16세)와도 관련지어 생각할 수 있다. 이와 같이, 청소년 절도 범죄에 또래가 미치는 영향은 성별과 연령에 따라 차이가 있으나 또래동조성은 청소년의 절도행동에 중요한 발달적 요인이 될 수 있다.

❷ 부모의 영향

청소년의 절도행동에 영향을 미치는 가정적 요인 가운데 부모의 양육방식은 절도와 같은 일탈행동 및 비행과 밀접한 관련이 있다(Warr, 1993). 부모—자녀 간의 긴밀한 상호작용 및 유대관계는 자녀의 정서적 안정과 건강한 태도 및 행동 발달에 영향을 미치게 된다. 그러나 자녀가 인식하는 부모 양육태도가 부적절할 경우 절도행동에 빠져들 가능성이 높아지게 된다.

선행연구에 의하면 절도행동에 영향을 미치는 부적절한 부모양육태도는 다음과 같은 특징을 보인다(홍은주, 2007; Patterson, 1986; Sanders, Turner & Markie—Dadds, 1996; McCord, 2001; Miller & Moncher, 1988; Miller & Klungness, 1989). 첫째, 자녀 관리에 있어 무관심하고 의욕이 없으며 통찰력이 없다. 둘째, 자녀에 대한 감독 및 감시가 부족하거나 지나치다. 셋째, 부적절한 부모—자녀 관계를 형성한다. 넷째, 자녀의 행동에 대한 반응이 일관되지 못하다. 다섯째, 자녀의 잘못된 행동에 대해 처벌할 때 감정적으로 반응한다. 여섯째, 훔친 물건에 대해 반응을 보이지 않고 부모가 대신하여 그 대가를 지불한다. 이러한 부적절한 양육태도별 특징들을 요약하면 방임적, 강압적, 비일관적, 과잉보호적 양육태도로 정리할 수 있다.

나아가 자녀의 절도행동을 일으키는 부모의 부적절한 양육태도에는 부모의 정신건강 수준이 영향을 미칠 수 있다. 특히 Downey와 Coyne(1990)은 부모의 우울증이 자녀의 적대감을 형성시키고, 사회적 상호작용 수준을 낮게 만든다고 보았다. 즉, 우울로 인해 강압적이고 훈육에 일관성이 없으며 자녀를 거부하는 양육방식은 자녀의 절도와 같은 품행문제에 일조하게 된다는 것이다(Lovejoy, Graczyk, O'hare & Neuman, 2000). 또한, 비양육적이고 거부적인 부모의 특성은 자녀의 절도행동을 증폭시킬 수 있는 요소가 된다(김동연, 이영호, 임지향, 1994).

부모양육태도	절도행동에 대한 행동적 대응
방임적 양육태도	• 자녀 관리에 관심, 의욕, 통찰력이 없음 • 자녀에 대한 감독 및 감시의 부족
강압적 양육태도	• 자녀 행동에 대한 과잉 감독 및 감시 • 부적절한 부모–자녀 관계 형성
비일관적 양육태도	• 자녀의 행동에 대한 비일관적 반응 • 자녀의 잘못에 대한 처벌을 감정적으로 처리
과잉보호적 양육태도	• 훔친 물건에 대해 반응을 보이지 않음 • 부모가 대신해서 대가 지불

표 5 부모양육태도별 절도행동에 대한 행동적 대응

이처럼 자녀의 절도행동에 있어 부모의 영향은 양육태도에서부터 정신 건강 수준, 그리고 부모의 특성에 이르기까지 매우 폭넓고 다양하다. 절도 행동을 저지르는 자녀는 이러한 부모의 영향들로 인해 자기통제 훈련의 기회를 박탈당함으로써 부모에 대한 불만을 표출하기 위하여(홍은주, 2007; Krohn, Thornberry, Rivera & LeBlanc, 2001), 또는 부모에게 결핍된 애정을 충족시키기 위하여 절도를 저지르기도 한다(한국청소년상담원, 2002). 이는 부모-자녀 간의 의사소통과 정서적 교류가 자녀의 절도행동 시도 여부와 밀접한 연관성이 있음을 시사한다.

❸ 학교에 대한 태도

청소년기는 가정에서 학교로 이행하는 사회적 관계의 확장기이다. 학교는 청소년들에게 가정 이외의 첫 사회적 집단으로, 학교를 대하는 태도는 청소년이 사회의 일원으로서 역할을 수행하는 데 영향을 미치게 된다(O'Donnell, Hawakins & Abbott, 1995). 특히 학교는 청소년에게 높은 수준의 학업성적, 교사 및 교직원과의 긍정적인 관계 및 태도, 등교 횟수 등과 같이 관습적인 목표와 기대에 부응하기를 원한다(Frank & Gloria, 1999). 그러나 이에 부응하지 못할 경우 학교에 대한 부정적인 태도 및 반감이 형성되어 절도행동을 일으키는 데 영향을 미치게 된다. 또한 관습적 목표와 기대가 부모와의 관계에서 이미 좌절되었을 경우에는 학교에 대한 부정적인 태도로 이행되어 절도행동과 같은 반사회적 행동으로 나타나기도 한다(Gorman-Smith & Tolan, 1998).

학교 장면에서 교사는 주로 생활지도를 통해 청소년과의 상호작용이 이루어진다고 할 수 있다. 이때 지속적인 상호작용은 교사와 청소년 간의 유대관계 형성으로 이어져 청소년의 학교 적응에 긍정적인 역할을 하게 된다. 그러나 교사와의 부적절한 유대관계가 형성될 경우, 학교생활의 중요성이 낮게 인식되어 학교에서의 적응 수준이 떨어지게 된다. 또한, 회의적인 학교생활 태도, 낮은 수준의 학업성적과 과제수행력, 학교의 규칙 미준수 등과 같이 학교적응에 있어 부정적인 태도를 취하게 된다(김희화, 2001; Loeber, 1990).

교사와의 부적절한 유대관계와 학교에 대한 청소년의 부정적인 태도는 청소년에 대한 학교와 교사의 지속적인 관심 부족으로 이어지게 된다. 이러한 관심 부족은 낮은 학업수행능력과 학교 규칙 준수의 불응으로 이어지고, 이는 학교 밖에서의 절도행동을 비롯하여 보다 많은 비행행동의 가능성으로 이어지는 악순환을 초래하게 된다(이진현, 이동훈, 2012). 결국, 절도청소년의 낮은 학업 욕구 및 수준은 학교에서 기대하는 사회인으로서의 역할에 부적절하기 때문에 학교 적응의 어려움으로 나타나게 되고, 이는 결과적으로 절도행동의 몰입으로 이어지게 되는 것이다(Gorman-Smith & Tolan, 1998).

따라서 절도청소년에 대한 교사 및 교직원의 적극적인 관심은 학업 및 교사에 대한 관심, 학교의 생활지도에 대한 수용 등 학교에 대한 긍정적인 태도로 이어져 절도행동에 대한 유혹을 상대적으로 줄일 수 있다(오남주, 2008; 조학래, 2004). 또한, 학교와 교사의 지속적인 관심은 청소년으로 하여금 학교의 구성원으로서 기능할 수 있음을 인식할 수 있게 해주고, 궁극적으로 건강한 사회인으로서의 성장에 긍정적으로 작용하게 되는 것이다(Hernandez, 1993).

3) 병리적 요인

일반적으로 병리적 관점에서의 도벽(kleptomania)은 DSM-Ⅳ(Diagnostic and Statistical Manual of Mental Disorder-Ⅳ)에 의해 품행장애의 일부로 포함되거나 강박충동장애로 진단된다. 도벽은 훔치고 싶은 충동을 억제하지 못하는 것으로, 이성적 판단력이 상실되는 상황에서 발생한다고 본다(APA, 2009). 도벽의 유병률은 100명 중 5명 정도로 보고되고 있으며, 청소년기에 시작되어 점차 만성화되는 경향을 보인다. 남자보다 여자에게 흔히 발병하는 것으로 알려져 있다(권석만, 2010).

이수정(2005)은 DSM-Ⅳ 진단기준에 근거하여 도벽의 특성을 다음과 같이 제시하였다. 첫째, 자신에게 필요가 없으며, 금전적 가치가 없는 물건임에도 불구하고 훔치고 싶은 충동을 억누르지 못하는 상태가 반복된다. 둘째, 물건을 훔치는 행동으로 들어가기 전에 생리적 및 심리적 긴장감이 고조된다. 셋째, 물건을 훔치는 행동을 하는 동안에 만족감, 쾌감 그리고 긴장 완화가 존재한다. 넷째, 물건을 훔치는 행동은 분노나 앙갚음의 표현이 아니고, 망상 또는 환청에 의한 것이 아니다. 마지막으로, 물건을 훔치는 행동은 명백한 품행장애 또는 조증, 반사회적 인격장애에 의한 것이 아니라고 본다.

도벽 연구를 살펴보면, 국내보다 국외에서 지속적으로 이루어지고 있으며 충동성, 감각추구성향, 정신장애, 신경학적 손상 등이 도벽행동의 원인으로 설명되고 있다. 이러한 선행 연구들은 합의된 도벽의 원인을 설명하고 있지는 않지만, 도벽이 정신병리적 요인에서 생리학적 요인에 이르기까지 다양한 원인들과 관련이 있다고 해석할 수 있다.

❶ 기분장애 및 성격장애

도벽은 기분장애 및 성격장애와 관련이 있는 것으로 알려져 있다. 우선 기분장애란 지나치게 저조하거나 고양된 기분상태가 지속되어 현실생활의 적응에 심각한 어려움을 겪게 되는 것을 말한다. 한편, 성격장애란 개인의 성격특성 자체가 특이하여 부적응적인 삶이 지속되는 것으로(권석만, 2003), 일정 기간 우울하거나 들뜨는 기분의 장애가 주축이 된 일련의 정신장애를 말하며 우울장애, 양극성 장애, 기타 기분장애로 분류된다(이정균, 1996).

병적인 도벽은 기분장애에서 보이는 과대성, 목적지향적인 행동의 증가, 언어의 압박 또는 언어 생산성의 증가, 수면욕구의 감소 등과 같은 조증과 의욕 저하, 자존심의 저하 및 우울감 등과 같은 우울증이 반복적으로 일어나 불안 증상으로 나타나기도 한다(김진성, 구본훈, 서완석, 천은진, 박상준, 2008). 특히 도벽에 영향을 미치는 이러한 기분장애는 청소년기에 발병 가능성이 높으며 그 빈도도 증가하는 추세이다(Akiskal, 1995). 또한 도벽이 있는 청소년은 자신의 행동에 죄책감을 느끼고 수치스럽게 여기며, 대인관계에서 심각한 문제를 보이는 등의 성격장애를 보인다. 특히 성격장애는 도벽과 관련하여 인지, 정동(감정반응의 범위, 불안정성, 적절성)의 정도, 대인관계상 기능, 충동 조절 등의 문제로 나타날 수 있다(APA, 2009).

특히, 병적인 도벽장애는 기분장애(특히 주요우울 장애), 성격장애와와 연관되어 있다는 연구가 보고되고 있다(APA, 2009; Balye et al., 2003). Balye 등(2003)의 연구에서는 병적 도벽을 가지고 있는 환자들은 도벽 외에도 다른 정신적 장애, 즉 기분장애, 다른 충동통제장애, 그리고 성격장애와 같은 2개 이상의 장애를 가질 확률이 높다는 연구결과를 보고한 바 있다.

20명의 병적도벽을 가진 환자들에 대한 McElroy 등(1991)의 연구에서 20명 모두 평생 주요기분장애 진단을 받았고, 그중 16명은 평생 성격장애를 그리고, 이 가운데 12명은 평생 섭식장애의 진단을 받았다. 이는 병적

장애가 주요 기분장애와 관련될 수 있고, "정서적 스펙트럼 장애"의 또 다른 형태를 나타낼 수도 있음을 예측할 수 있게 해 준다.

Grant와 Kim(2002)의 연구에서는 도벽환자가 충동조절장애의 범주에 속하는 강박장애 및 기분장애의 두 가지 장애를 모두 보인다는 도벽환자에게 강박장애에 비해 기분장애가 상대적으로 높게 나타난 연구 결과는 일반적으로 도벽이 충동조절장애의 범주에 속한다는 관념으로 인해 간과하기 쉬운 기분장애와의 관련성을 강조하고 있다. Grant(2003)는 도벽과 성격장애와의 관련성을 제기했다. 도벽만 있는 도벽환자보다 도벽과 성격장애를 함께 가진 사람이 더 많은 도벽행동을 저지르게 된다고 보았다. 이는 도벽환자의 도벽행동 원인에 있어 성격장애가 함께 고려되어야 함을 시사한다.

❷ 충동성

충동성이란 위험을 감수하는 행동을 하거나 생각 없이 일을 시작하는 성격 특질로(Eysenck, 1985), Gray(1987)는 위험이나 불이익이 오는데도 불구하고 시작한 행동을 중단하거나 조절하는 데 어려움을 보이는 성격 차원으로 정의하였다. Barratt와 Patton(1983)에 의하면 충동성이란 적절한 반향 없이 행동하는 것으로, 반응의 순간에 박차를 가하고, 위험을 감수하면서라도 무엇인가를 획득하기 위해 빠르게 시도하는 것이라고 설명하였다.

충동성은 도벽에 영향을 미치는 요인으로 가장 많이 거론되고 있다. DSM-Ⅳ-TR(Diagnostic and Statistical Manual of Mental Disorder-Ⅳ-TR)에 의하면 충동성은 충동조절장애로 설명되며 어떤 일에 대해 저항할 수 없는 충동성, 추동 또는 행동으로 자신 또는 타인에게 위협이 되는 특성을 보인다(APA, 2009). 도벽 또한 분류되지 않는 충동조절장애로 분류되며, 도벽 이외에 충동조절장애가 동반되어 나타나기도 한다(Bonfanti & Gatto, 2010). Grant와 Kim(2002)은 충동성과 공격성이 도벽행동의 동기로 작용한다고 보고, 충동조절에 효과가 있는 날트렉손(naltrexone)을 도벽행동을 보이는 청소년에게 투여한 결과, 효과가 있는 것으로 나타났다.

Dickman(1990)은 충동성을 동등한 능력을 지닌 대부분의 사람에 비해 행동하기 전에 덜 숙고하는 경향성으로 설명하였으며, 이러한 경향은 행동통제 장애로서 도벽과 밀접한 관련이 있다고 보고하였다. 이는 감정적이고 속박되거나 제약을 받기 싫어하며 행동 장애의 징후로서 보이는 약한 자제력이 도벽 행동의 요인과 동일하기 때문이라고 분석하였다. 더불어 하고 싶은 대로 행동하며 흥분을 즐기는 충동성은 도벽을 할 때의 흥분된 감정과 밀접한 연관이 있다(정귀화, 2002). 즉, 이러한 충동성이 물건을 훔치기 전의 긴장감이나 각성의 느낌을 증가시켜, 훔칠 때 쾌락, 만족감 혹은 해방감을 경험하게 해주는 작용을 한다(APA, 2009).

Grant(2003)는 도벽환자들이 도벽 이외에도 물질사용장애를 호소한다고 보고한다. 또한, 게임문제 및 중독, 알코올중독, 섭식장애, 이상성욕장애 등과 같은 도벽 이외의 충동조절장애를 동반하기도 한다(Grant, Kim & Grosz, 2003). 특히 도벽과 충동조절장애를 함께 가지고 있는 도벽환자의 가족 중 알코올 중독 등의 충동조절장애를 보이는 구성원이 있다는 보고가 그 주장을 뒷받침하고 있다(Grant & Kim, 2002). 도벽환자의 도벽 행동과 충동조절장애는 가족력과 관련이 있다는 주장 또한 도벽행동과 ADHD의 연관성을 강조하기도 하는데, 도벽환자의 15%가 ADHD 진단 기준을 충족하는 것으로 보고되고 있다(Grant & Kim, 2002).

❸ 뇌 신경학적 기능 장애

뇌 신경학적 기능장애란 정신장애를 유발하는 주요 생물학적 요인으로 뇌의 구조적 결함, 신경전달물질이나 내분비계통의 신경화학적 이상 등을 말한다(권석만, 2003).

선행 연구에 따르면, 도벽은 심각한 뇌신경 손상과 높은 비율의 정신과 입원 그리고 자살생각과 관련된다고 한다(Grant & Kim, 2002). Cooper 등(1989)에 의하면, 도벽은 높은 수준의 인지된 스트레스와 관련이 있을 수 있다고 하였다.

이수정(2005)은 도벽을 보이는 사람들은 기질적으로 충동성을 느끼며 동시에 생리적 변화를 경험한다고 보고하였다. 뇌의 특정 부분의 손상이나 신경학적 기능 이상으로 인해 도벽행동이 나타난다는 것이다(권석만, 2010). Aizer, Dannon와 Lowengrub(2004)의 연구를 보면 전두엽과 왼쪽 측두엽의 손상이 충동조절장애를 증가시키는 역할을 하여 도벽행동을 일으킨다고 보고하고 있다. 또한 Yuksel, Taskin, Ovali, Karacam과 DanaI (2007)은 일산화탄소 중독에 의한 무산소증이 왼쪽 측두엽의 기능 이상을 일으키고 이로 인해 충동조절장애와 도벽행동을 일으키게 된다고 보고하였다. 이때 손상된 왼쪽 측두엽 자체가 도벽을 일으키는 직접적 원인은 아니나 뇌손상으로 인해 충동조절에 문제가 발생하면, 왼쪽 측두엽이 충동성의 증가에 간접적으로 영향을 미쳐 도벽행동을 일으키게 된다는 것이다.

도벽은 충동조절장애의 범주에 포함하여 설명하는 것이 일반적이다. 또한 선행연구를 종합하여 볼 때, 도벽은 하나의 원인에 의해 유발되는 것이 아니라 다른 정신장애와 동시에 발병한다(Grant, 2003). 즉, 도벽은 충동성 등과 같은 정신병리적 특성을 갖는 동시에 도벽 이외의 다른 정신병리적 질환과 상호작용하여 도벽행동을 보이게 된다는 것이다. 이처럼 도벽은 하나의 원인으로 설명할 수 없으며, 다른 여러 증상들과 함께 복합적으로 나타나는 결과라고 볼 수 있다.

4. 주요 우울장애와 자살 위험성

앞에서 언급된 바와 같이 기분장애와 성격장애는 청소년 절도와 긴밀한 관련이 있는 병리적 요인 것으로 알려져 있다. 그러나, 기분장애 가운데 주요우울장애(depressive disorder)는 우울하고 슬픈 기분, 의욕과 즐거움 감소, 주의집중력 및 판단력 저하 등의 증상에서 더 나아가 청소년들로 하여금 죽음이나 자살에 대한 생각까지 할 수 있게 한다는 측면에서 더욱 면밀히 살펴볼 필요가 있다. 이는 실제로 우울이 청소년 자살과 관련하여 가장 강력하고 일관된 요인이며(박재연, 2009; Fotti & Cos 2006), 자살시도자들의 90%가 우울을 경험한 것으로 보고되고 있기 때문이다(신의진, 2003).

한편, 박은주(2004)는 우울증의 관점에서 절도청소년 사례를 소개한 바 있는데, 사례의 연구참여자는 사업상 바쁜 '아버지의 부재'로 인한 상실감을 경험하고, 어머니와는 지나치게 밀착된 상호의존적 관계를 맺어 청소년 우울증 증상을 보이고 있었다. 박은주는 우울증을 겪는 청소년들이 여러 가지 원인으로 인해 권태와 불안을 회피할 수단을 찾는다고 보고하였는데, 그 결과 지나치게 바쁜 일을 한다든지 지속적으로 새롭고 흥미로운 활동을 찾고자 하는, 즉 우울에 대한 방어기제로 절도행동이 나타날 수 있다고 하였다.

이 밖에도 많은 선행연구에서 우울 및 자살 성향과 청소년 비행 관계를 보고한 바 있는데(Lester & Perdue, 1984), Krakowski(1970)는 공격행위나 약물복용 등 비행행위를 하는 경우에 외현적으로는 우울감이 드러나지 않지만, 그 기저에 우울감이 내재되어 있는 가면성 우울증의 가능성이 높다고 하였고, Puig-Antich(1982)는 우울 청소년을 대상으로 하였을 때 이들 중 30%가 행동장애 진단이 함께 내려졌으며, 우울 청소년 대상으로 한 다른 연구에서도 23~30%가 문제행동을 보인다고 보고하였다(김유자, 백용매, 2000). 또한, 이경님(2003)은 초기 청소년을 대상으로 한 연구에서 우울증상을 보이는 초기 청소년의 45%가 품행장애를 보이고, 우울성향의 증가와 공격성 증가가 관련이 있다고 설명하고 있다(이순희, 허만세, 2015).

한편, 2020년 통계청에서 발표한 연령별 사망 원인을 살펴보면 10~30대의 사망원인 1위는 고의적 자해(자살)로 나타나 청소년 자살 문제의 심각성을 보여주고 있다. 〈표 6〉에서 확인할 수 있는 바와 같이, 연령 전체적으로는 고의적 자해(자살)의 비율이 다소 낮아지고 있지만, 10~30대의 고의적 자해(자살) 비율은 오히려 증가하는 것을 확인할 수 있다.

이처럼 청소년의 자살은 우리 사회가 풀어가야 할 심각한 문제이다. 통상 청소년의 자살은 대부분 사전 계획 없이 충동적으로 시도되며(Brent, 1987), 자신의 괴로움을 표현하는 극단적인 방법이라는 점(하상훈, 2000), 그리고 비행청소년의 경우에는 우울감을 외면적으로 가늠하기 힘들 수 있다는 점에서 청소년의 비행을 유의하여 살펴볼 필요가 있을 것이다(이순희, 허만세, 2015).

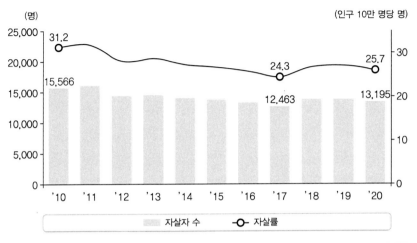

		자살자 수	자살률									
			전체*	1-9	10-19	20-29	30-39	40-49	50-59	60-69	70-79	80 이상
남녀	2010년	15,566	31.2	–	5.2	24.4	29.6	34.1	40.1	52.7	83.5	123.3
전체	2019년	13,799	26.9	0.1	5.9	19.2	26.9	31.0	33.3	33.7	46.2	67.4
	2020년	13,195	25.7	0.1	6.5	21.7	27.1	29.2	30.5	30.1	38.8	62.6
'19년	증감	-604	-1.2	0.0	0.6	2.5	0.2	-1.9	-2.8	-3.6	-7.4	-4.8
대비	증감률	-4.4	-4.4	3.7	9.4	12.8	0.7	-6.0	-8.4	-10.7	-16.0	-7.1

표 6 자살자 수 및 자살률 추이(2010~2020)

5. 청소년의 탈절도 과정[6]

김세진(2014)은 청소년의 탈절도 과정에 대한 연구에서 청소년이 어떠한 과정을 거쳐 절도를 극복하게 되었는지에 대하여 분석하였다. 연구방법은 Strauss와 Corbin(1998/2001)의 근거이론 방법으로 접근하였으며, 연구참여자는 절도 경험이 있으나 6개월 이상 절도를 하지 않은 청소년 10명을 대상으로 하였다.

1) 탈절도 과정

❶ 잠재적 일탈 환경에의 노출

연구참여자들은 대체로 심리·정서적으로 충분한 지지체계를 갖지 못했으며, 잠재적인 일탈 환경에 노출되어 있었다. 절도청소년의 대부분은 부모의 사망, 별거, 이혼으로 인해 필요한 경제적 지원 및 정서적 지지를 받지 못하거나 온전한 보호를 받지 못하고 성장하였다. 학교에 친한 친구가 없고 공부에 흥미를 잃으면서 학교보다는 학교 밖의 불량한 친구들과 어울려 놀

---

6 김세진(2014)의 「청소년의 탈절도 과정 연구」에서 일부 발췌하였음.

게 되었다. 학교 친구들에게 협박을 가하고, 약탈을 자행하거나 폭력을 사용하면서 무서운 존재로 자리매김하게 되었고 교사들은 이들이 수업시간에 자거나 결석을 해도 무관심하였으며 문제를 일으키는 문제아로 낙인찍었다.

❷ 일탈적 방법으로 욕구 충족

연구참여자들은 가정에서 갈등을 겪으며 가출하게 되었고, 학교 부적응으로 새로운 또래관계를 형성하게 되었다. 가출하면서 절도를 시작한 연구참여자 중에는 배는 고프고 잘 곳은 없다 보니 의식주를 해결하기 위해 절도를 하게 되었다고 하였다. 일부 연구참여자들은 절도를 통해 그 분야에서 최고가 되어 친구들에게 과시할 수 있는 우월감, 갖고 싶은 것에 대한 욕구, 재미와 모험, 만족감이 충족되었다. 연구참여자들의 대부분은 아무 생각 없이 스트레스를 풀기 위해 충동적으로 절도를 하였으며, 훔칠 때의 재미와 스릴, 짜릿함을 즐겼다. 순간적 행복과 만족을 위해 충동적으로 겁없이 닥치는 대로 절도를 하면서 욕구를 충족시켰다. 이렇게 절도를 하면서도 이들은 한 번도 경찰에 잡히지 않았고 걸리더라도 초범이기 때문에 훈방되거나 기소유예로 처리되었다.

❸ 법적 처벌에 의한 자각

연구참여자들은 반복된 절도행위로 결국 법적 처벌을 받게 되었고, 강한 처벌이 내려지는 것에 많은 두려움을 느꼈다. 이들은 재판 시 법원의 분위기에 압도되었고, 가중처벌을 받아 소년원에 갈 수도 있다는 두려움이 컸다.

절도로 인해 법적 처벌을 받게 되면서 자신을 믿어 준 가족을 실망시키고 걱정을 끼친 것, 자신 때문에 부모님이 수강명령을 같이 받게 된 데 대해 미안함을 느꼈고, 자신이 살아왔던 삶에 대해 후회하였다. 이러한 자신의 모습을 보면서 연구참여자들은 더 이상 이렇게 살면 안 되겠다는 위기감을 느끼며 탈절도를 결심하였다.

❹ 탈절도

연구참여자들은 주어진 법적 처분을 잘 이행하고 아르바이트를 통해 스스로 돈을 벌면서 절도의 유혹을 극복해 나갔다. 학교에 다니는 연구참여자들은 친구들과 어울리면서도 스스로 지켜야 할 사회적 규칙을 지키며 적응해 나갔다. 학교를 다니지 않는 연구참여자들은 검정고시를 거쳐 학업을 이어가거나 취업성공패키지를 통해 기술을 배우며 진로를 준비하였다.

2) 시사점 및 의의

❶ 자아성찰 능력의 중요성

절도 청소년들의 탈절도에 있어 법적 처벌을 통한 외부 자극과 스스로의 행동을 돌이켜 보는 자기성찰능력은 중요한 요인이 될 수 있다. 법적처벌과정에서 훈방과 같은 온정적 조치는 오히려 절도를 심화시키는 촉매제가 될 수 있다.

(a) 법적 처벌은 단지 청소년을 처벌하는 기능으로 끝나는 것이 아니라 사법처리과정을 통해 청소년이 자신의 잘못을 반성하고 자신의 행동에 책임지도록 선도해야 한다. 법적 심리 조사과정에서 청소년 전문가의 개입을 통해 절도의 원인탐색과 재범우려 여부에 대해 면밀하게 평가하고 개개인의 심리적 사회적 특성에 맞는 처분 결정이 내려져야 할 것이다.

(b) 청소년들이 사법처리를 위해 경찰, 검찰, 법원을 거치려면 상당한 시간이 소요된다. 보호관찰이나 수강명령 등 법적 처분이 집행될 즈음이면 청소년들은 이미 가정이나 학교, 사회로 복귀하는 경우가 많다. 그러나 이러한 처리절차의 지연은 일상으로 복귀한 절도청소년들을 사회로부터 다시 낙인찍히게 하고 재사회화를 방해하여 오히려 처벌의 효과를 감소시킬 수 있다. 그러므로 신속한 사건처리를

통해 절도청소년들이 자신의 행위에 책임을 느끼게 하고, 절도청소
년 개개인의 특성에 맞는 적절한 처분을 시행할 필요가 있다.

(c) 초범 및 경미한 사건에 대한 개입은 재범방지를 위해 중요한 과정이
므로 청소년에 대한 전문성을 갖춘 경찰을 배치하고 재범평가를 위
한 전문상담사의 의무적 참여를 제도화할 필요가 있다. 또한, 청소
년상담기관 및 취업기관들은 학교 밖 절도 청소년들에 대한 사회적
자원 지원 및 지역사회와의 연계 방안을 모색할 필요가 있다.

❷ 주변인의 이해와 관심의 중요성

청소년의 탈절도를 위해서는 법적처벌을 통한 자기반성과 함께 부모,
친구, 교사 등 주변인의 이해와 관심이 필요하다.

(a) 개인 및 가족차원에서 볼 때 절도에 대한 개인 내적 자각과 자녀의
절도행위에 대처하는 부모의 변화가 필요하다. 청소년에게 스스로
변화하지 않으면 안 되겠다는 자각이 일어나기까지 많은 시간이 걸
릴 수도 있다. 그러므로 청소년의 절도행동 자체로만 평가하고 처벌
하는 것이 아니라 자신의 행동을 되돌아보고 깨달을 수 있는 기회를
주어야 한다.

(b) 청소년들에게는 절도가 단순히 물건을 훔치는 것뿐만 아니라 자신
의 결핍된 욕구를 충족시키는 과정임을 이해할 수 있도록 절도 특성

에 맞는 상담과 교육이 필요하다. 또한 개인상담을 받도록 하되, 부모와 학교 등 환경적 개입이 함께 이루어지는 것이 중요하다. 부모－자녀 간 갈등이 깊을수록 해결하는 시간과 노력도 많이 소요되므로 사회적 차원에서 부모교육 및 상담을 의무화할 필요가 있다. 청소년의 탈절도를 위해 부모들은 10대 청소년들이 겪는 스트레스, 긴장, 반항 및 신체적 변화에 대하여 이해해야 하며, 부모와 자녀가 합의하여 행동의 적절한 한계점을 정하는 것이 필요하다. 부모교육과 상담이 활성화된다면 청소년이 절도를 저지르더라도 부모－자녀 간의 친밀하고 신뢰로운 관계가 바탕이 되어 보다 효과적으로 탈절도를 할 수 있을 것이다.

(c) 학교 차원에서 볼 때 절도청소년들은 학업을 잘 따라가지 못하고 학교에서 소외되거나 학교 규칙을 잘 지키지 못하고 지각과 결석을 반복하다가 결국 학업을 중단하게 되기도 한다. 교사와 친구들 사이에서 절도범이라는 낙인으로 인해 학교에 적응하지 못하는 경우도 있다(이동훈 외, 2011). 절도청소년들이 학교 밖으로 떠나지 않고 잘 적응할 수 있도록 하기 위해서는 교사의 역할이 중요하다. 담임교사는 절도청소년이 경제적 빈곤으로 인한 악순환 가운데 머무르는 것은 아닌 지 파악하여 지원체계를 마련하고, 다른 교사 및 또래와의 관계 속에서 절도범으로 낙인되지 않도록 주의를 기울이는 한편, 교실

내 생활을 주의 깊게 살펴보고 개입할 필요가 있다. 학교 내 전문상담교사 또는 지역사회 상담센터의 상담심리사와 연계하여 재범을 예방할 수 있도록 지원하는 것도 도움이 될 것이다. 청소년들은 일탈 또래와의 접촉을 통해 절도행동이 심화되므로 학교 내 또래관계를 파악해 보고, 긍정적 지지자원을 연계할 필요가 있다. 이때 또래상담자나 교내 동아리를 활용하여 새로운 관계망을 형성하도록 함으로써 학교 내 적응을 도와줄 수 있도록 한다.

(d) 절도청소년들의 대부분이 학업에 대한 의지를 다졌으나 기초학습력이 부진하여 수업을 따라가지 못하고 포기하여 학교생활에 많은 어려움을 겪고 있는 것으로 나타났다. 따라서, 학습부진아를 위한 컨설팅을 실시하여 문제를 파악하고 지역사회와 연계하여 기초학습을 다져줄 멘토 및 학습프로그램을 제공하는 것이 도움이 될 것이다. 무엇보다 교사의 지지가 절도청소년들에게 가장 큰 힘이 되므로 동기를 부여할 수 있는 보상을 주는 것도 하나의 방법이다. 절도청소년들이 학교를 떠나면 검정고시나 취업정보를 구하고 준비하는 데 많은 어려움을 겪는다. 현재 지역사회에는 학교 밖 청소년을 위한 다양한 사업들이 시행되고 있으므로, 절도청소년이 학업을 중단할 때 학교가 지역사회 자원과 학업중단 청소년들을 연계해 준다면 청소년들의 절도행위를 예방하는 데 큰 도움이 될 것이다.

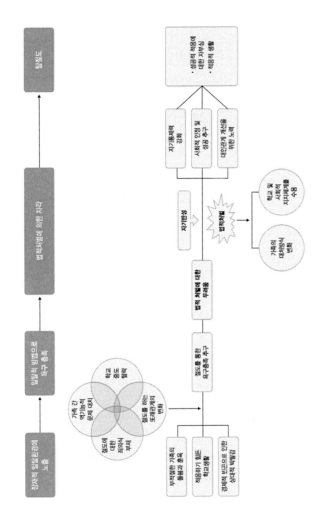

그림 5 청소년의 탈절도 과정

6. 청소년 절도행동 문헌 연구 목록

1) 심리적 관점을 다룬 문헌

연구자 (연구년도)	국내· 외	학위논문/ 학술지/저서	주제	대상	연구 방법
Arnett (1996)	국외	Personality and Individual Differences	감각추구성향과 폭력성, 그리고 청소년의 위험행동	청소년	양적 연구
Barry 등 (1996)	국외	Psychology & Marketing	도덕적 인지와 소비자 정서가 상점 절도에 미치는 영향	청소년, 대학생, 성인	양적 연구
Carrasco 외 (1996)	국외	Personality and Individual Differences	남자 청소년들의 신체적 폭력과 절도, 공공기물파손행위의 경로에 대한 지표로서의 Eysenck의 성격연구	청소년	양적 연구
노정구 등 (2002)	국내	마케팅관리연구	자아정체감 및 자극추구성향이 청소년 상점 절도에 미치는 영향	청소년	문헌 연구
박은주 (2004)	국내	상담과 교회교육	우울증과 도벽	남자 청소년	사례

연구자 (연구년도)	국내· 외	학위논문/ 학술지/저서	주제	대상	연구 방법
Hamid (2007)	국외	Journal of Chinese Clinical Medicine	자존감이 약물 남용, 절도, 성매매에 미치는 영향	수감수, 일반인	양적 연구
김경호 (2008)	국내	청소년복지연구	남자 비행청소년의 절도와 남성성에 관한 연구	청소년	문헌 고찰
이동훈 등 (2011)	국내	청소년상담연구	청소년 절도행동의 이해: 문헌고찰을 중심으로	–	문헌 연구
이진현 이동훈 (2012)	국내	상담학연구	절도청소년의 자아존중감, 부모양육태도, 학교적응유연성	절도청소년 177명 일반청소년 123명	양적 연구
김세진 등 (2013)	국내	청소년상담연구	절도 비행청소년의 PAI 반응분석	절도청소년 196명	양적 연구
조미영, 이동훈 (2013)	국내	상담학연구	남자절도청소년의 감각추구성향, 부모–자녀 간 애정유대, 또래 동조성 및 학교적응유연성의 관계: 부– 자녀 간 애정유대의 조절효과	남자절도 청소년	양적 연구
이태영, 이동훈 등 (2013)	국내	상담학연구	남자절도청소년의 감각추구성향, 자아존중감과 또래 동조성의 관계	남자 청소년	양적 연구

2) 병리적 관점을 다룬 문헌

연구자 (연구년도)	국내· 외	학위논문/ 학술지/저서	주제	대상	연구 방법
Baylè 등 (2003)	국외	Am J Psychiatry	정신 병리학과 도벽 환자의 정신 장애의 동시이환	도벽환자, 알코올장애환자, 정신이상환자	질적 연구
Grant 등 (2003)	국외	Comprehensive Psychiatry	도벽환자의 가족력과 정신이상의 동시이환	도벽환자	질적 연구
Grant 등 (2004)	국외	J Am Acad Psychiatry Law	도벽환자의 정신장애 공존 발병: 예비 조사	성격장애를 보이는 도벽환자	질적 연구
Grant 등 (2002b)	국외	Comprehensive Psychiatry	22명의 도벽환자의 병리적 특징과 정신 병리와의 관계	도벽환자	질적 연구
Silvio 등 (2002)	국외	Comprehensive Psychiatry	도벽: 이탈리아인의 사례를 통한 의학적 특징과 동시이환	도벽환자	질적 연구
Yüksel 등 (2007)	국외	Turkish Journal of Psychiatry	사례보고: 일산화중독 이후 도벽과 다른 정신병리적 증상	41세 여성	사례 연구

연구자 (연구년도)	국내· 외	학위논문/ 학술지/저서	주제	대상	연구 방법
김종오, 유영현 (2015)	국내	한국범죄심리 연구	충동조절 장애범죄의 심리적 접근	–	문헌 연구

3) 부모·가족·학교 관점을 다룬 문헌

연구자 (연구년도)	국내· 외	학위논문/ 학술지/저서	주제	대상	연구 방법
김동연 외(1994)	국내	Journal of Art Therary	동적가족화를 통한 비행청소년의 가족지각 이해	소년감별소 입소 청소년	질적 연구
Frank 등 (1999)	국외	Adolescence	일반 청소년의 절도행동과 또래영향, 부모와 학교에 대한 태도와의 관계	청소년	양적 연구
Johnson 등 (2004)	국외	British Journal of Criminology	반사회적 성향을 가진 부모의 양육이 자녀에게 미치는 영향	부모/ 아동·청소년	양적 연구 (종단)
Judy (2000)	국외	The high School journal	부모에 대한 애착, 도덕성, 또래집단과 절도와의 관계	남녀 고등학생	양적 연구

연구자 (연구년도)	국내· 외	학위논문/ 학술지/저서	주제	대상	연구 방법
Lovejoy 등(2000)	국외	Clinical psychology review	부모의 우울증과 양육행동	부모	양적 연구 (메타 분석)
Regnerus (2002)	국외	Social Ascience research	청소년의 절도와 일탈 행동에 대한 또래영향	청소년	양적 연구
Wendi Pollok (2010)	국외	Journal of Criminal Justice	절도에 대한 청소년 체포비율: 일상적인 활동 접근	청소년	양적 연구
Fox, B. H (2016)	국외	Journal of Criminal Justice	절도사건의 범죄와 관련된 범죄자의 발달: 범죄의 발달 및 생활과정접근		양적 연구
이태영 등 (2012)	국내	재활심리연구	절도행동 청소년을 위한 교류분석 집단 프로그램 개발과 효과검증	절도 및 폭력 청소년	양적 연구
김상운, 신재헌 (2014)	국내	한국콘텐츠학회 논문지	다문화가정 청소년의 가정 기능적 특성이 재산비행에 미치는 영향	다문화가정 청소년	양적 연구
노언경 등 (2014)	국내	한국청소년연구	잠재프로파일 분석을 통한 아동청소년 비행 유형분류 및 영향요인 검증	초·중· 고등학생	양적 연구

연구자 (연구년도)	국내· 외	학위논문/ 학술지/저서	주제	대상	연구 방법
김세진 등 (2014)	국내		다문화 청소년의 가정 기능적 특성이 재산비행에 미치는 영향		양적 연구

4) 치료적 관점을 다룬 문헌

연구자 (연구년도)	국내· 외	학위논문/ 학술지/저서	주제	대상	연구 방법
Grant 등 (2002a)	국외	European Child & Adolescent Psychology	naltrexone을 통한 청소년 도벽 치료	13세 여성	사례 연구
Aizer 등 (2004)	국외	Clin Neuropharmacol	두부 손상 후의 도벽: 2가지 사례를 통한 종합치료전략	34세, 43세 남성	사례 연구
Grant 등 (2006)	국외	Isr J Psychiatry Relat Sci	병적도벽의 이해와 새로운 치료모델	–	문헌 연구
이수정 (2005)	국내	형사정책연구	절도행위 중독에 대한 진단도구 개발연구	–	진단 도구 개발

연구자 (연구년도)	국내· 외	학위논문/ 학술지/저서	주제	대상	연구 방법
홍은주 (2007)	국내	한국놀이치료 학회지	도벽 아동의 놀이치료 사례연구	만 8세 아동	질적 연구
김우준 (2011)	국내	한국중독범죄 학회보	도벽문제의 현황 및 치료적 처우방안	–	문헌 연구
박태영, 조지용 (2012)	국내	가족과 가족치료	부적응행동(집단따돌림, 도벽, 거짓말)을 하는 초기 청소년자녀에 대한 가족치료 사례연구	부적응행동 초기 청소년	질적 연구
김세진, 김현숙 (2014)	국내	상담학연구	중학생의 절도행동 극복경험	15~16세 절도청소년 4명	질적 연구
홍은주, 김효은 (2014)	국내	예술심리치료 연구	도벽충동을 가진 청소년 미술치료 사례연구	도벽충동을 가진 청소년	질적 연구
김중영, 강남인, 양종철 (2015)	국내	신경정신의학	병적 도벽 환자에 대한 내재적 민감화 기법 적용사례	병전 도벽 환자	질적 연구
양호정 (2015)	국내	정서행동장애 연구	도벽문제가 있는 여중생의 가족치료 사례연구	도벽문제가 있는 여중생	질적 연구

연구자 (연구년도)	국내· 외	학위논문/ 학술지/저서	주제	대상	연구 방법
장혜경 (2016)	국내	미술치료연구	비행청소년의 불안감소 및 자아존중감 향상을 위한 미술치료 사례연구	절도로 법원으로부터 의뢰된 고 2남학생	질적 연구
천원기 (2017)	국내	소년보호연구	절도 비행청소년을 위한 단기집중 절도 예방 프로그램 효과연구	절도를 저지른 비행 초기단계 청소년	양적 연구
김세진 (2018)	국내	학습자중심교과 교육연구	청소년의 탈절도 과정 연구	절도청소년	질적 연구
장혜민 등 (2021)	국내	발달지원 연구	청소년 절도비행의 심리적 특성과 개입	－	문헌 연구

청소년 절도행동에 대한 개입

1. 절도 청소년 상담자를 위한 사전 체크리스트와 원인별 개입 방향

1) 사전 체크리스트

다음은 절도행동 청소년을 상담하는 상담자가 확인해 보아야 할 사항들을 체크리스트로 정리한 것이다. 상담자들은 절도 청소년의 심리적, 병리적, 사회·환경적 요인을 포함하여, 절도행동 이후 사건 처리과정에서 어떠한 경험을 하였는지, 절도행동 근절을 위한 내담자의 자원은 무엇이 있는지 등을 확인할 필요가 있다.

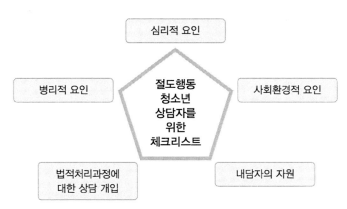

그림 6 절도 청소년 상담자가 체크해야 할 5가지 사항

❶ 심리적 요인

1) 내담자의 인구통계학적 정보들을 파악하였는가?
2) 내담자 절도행동의 심리적 원인을 알고 있는가? (예: 충동조절 어려움, 남성성, 도덕성 문제 등)
2-1) 내담자의 자아존중감이 절도행동에 미친 영향에 대해서 확인하였는가?
2-2) (강함, 독립, 합리성, 적극성, 주도성, 성취와 경쟁으로 나타나는) 남성성이 합법적인 성취가 아닌 비행의 방식으로 표출되어 내담자의 절도행동이 발생한 것은 아닌지 확인하였는가?
2-3) 내담자의 도덕적 판단능력이 절도행동에 미친 영향에 대해 확인하였는가?
2-4) 내담자의 낮은 자기 통제력이 절도행동을 유발한 것은 아닌지 확인하였는가?
2-5) 새롭고 강렬한 감각적 자극을 추구하는 감각추구성향이 절도행동을 유발한 것은 아닌지 확인하였는가?
2-6) 재미와 스릴을 즐기는 성향이 절도행동을 유발한 것은 아닌지 확인하였는가?
2-7) 내담자의 우울, 불안 등 심리적 요인이 절도행동에 미친 영향에 대해서 확인하였는가?
3) 내담자의 절도행동이 해당 시점에 발생하게 된 계기를 탐색하였는가?
4) 내담자의 주된 감정 및 정서상태와 절도행동을 연결해 이해하였는가?

5) 심리검사 결과를 바탕으로 내담자의 특성을 종합적으로 이해하였는가?
6) 내담자의 절도행동에 기저하는 욕구(이차 이득)에 대해서 파악하였는가?
7) 내담자의 좌절 경험을 탐색하였는가?
8) 내담자의 자존감 수준을 파악하였는가?
9) 내담자 절도행동에 대한 핵심적인 원인을 올바르게 이해하고 내담자의 절도행동과 개인특성에 적합한 상담 및 조력 개입전략을 수립하였는가?
10) 내담자가 절도행동을 유발한 원인 등에 대해서 스스로 얼마나 이해하고 있는지를 탐색하였는가?

❷ 병리적 요인

1) 눈 맞춤, 옷차림 등을 통해 내담자의 현재 적응 수준을 파악하였는가?
2) 내담자의 절도행동이 초범인지 재범인지 파악하였는가?
2-1) 재범이었다면, 얼마나 지속적으로 발생하였는지 파악하였는가?
2-2) 재범이었다면, 어떤 요인이 절도행동 근절에 어려움을 가져오는지 파악하였는가?
3) 만성적인 절도행동의 문제를 가진 내담자에게는 심리적 문제 해결에 초점을 두어 개입하였는가?
4) 내담자가 성격장애의 병력이 있는지 파악하였는가?
5) 내담자가 기분장애의 병력이 있는지 파악하였는가?

6) 내담자의 충동성이 절도행동에 영향을 미치지는 않았는지 확인하였는가?

7) 내담자에게 뇌·신경학적 기능장애가 있는지 파악하였는가?

8) 병리적 요인으로서 내담자의 충동성에 대해 파악하였는가?

❸ 사회·환경적 요인

1) 내담자 부모의 양육태도에 대하여 파악하였는가?

  (예: 방임적, 강압적, 비일관적, 과잉보호적 양육태도)

2) 절도행동 이전 부모와의 관계가 어떠했는지 파악하였는가?

2-1) 내담자가 부모와의 관계에서 갈등이 있었다면, 어떤식으로 대처해 왔는지 파악하였는가?

3) 내담자의 부모가 내담자에게 기대하는 바를 파악하였는가?

4) 내담자의 절도행동으로 인해 현재 부모와의 갈등을 경험하고 있는지 탐색하였는가?

4-1) 가정불화를 경험한 내담자라면, 가정불화와 관련하여 성장과정에서 경험한 에피소드에 대해 탐색하였는가?

5) 가족의 경제적 상황이 내담자의 절도행동에 어떤 영향을 미치는지 탐색하였는가?

6) 내담자를 가장 잘 이해해 주고 지지해 주는 대상은 누구인지 파악하였는가?

7) 내담자의 학교에 대한 태도에 대해 탐색하였는가?

7-1) 학교선생님들과 내담자의 관계를 탐색하였는가?

7-1-1) 학교 선생님과의 관계에서 갈등이 있었다면, 어떤 식으로 대처해 왔는지 파악하였는가?

7-2) 학교 내 친구들과 내담자의 관계를 탐색하였는가?

7-2-1) 학교 내 친구들과의 관계에서 갈등이 있었다면, 어떤 식으로 대처해 왔는지 파악하였는가?

7-3) 내담자의 학업성적을 파악하였는가?

8) 절도행동에 가담한 친구들과의 관계가 내담자의 절도행동에 어떤 영향을 미쳤는지 파악하였는가?

9) 상담자로서 도와줄 수 있는 부분과 학교, 가족 및 관련 기관들과 협력해야 되는 문제를 구분하였는가?

10) 부모님이나 주변사람들이 내담자의 성격, 능력 등에 대해 어떤 피드백을 하는지 탐색하였는가?

❹ 법적 처리 과정

1) 내담자가 현재 가장 힘들어 하거나 해결하고 싶어 하는 문제를 파악하였는가?

2) 절도행동 이후 조사 과정에서 주변 사람들의 낙인에 대한 내담자의 심리적 고충을 탐색하였는가?

3) 절도행동 근절에 대한 문제 외에 중요한 문제가 발견될 경우 그 문제와 함께 다루고자 하였는가?

4) 절도행동의 근절에 대한 내담자의 기대와 동기를 파악하여 내담자와 상담 목표를 합의하였는가?

5) 내담자의 절도행동에 대한 목표 달성 및 변화과정을 올바르게 평가할 수 있는가?

6) 절도행동 처벌 관련 법적 절차를 이해하고 있는가?

6-1) 소년교도소 입소 경험이 있는 내담자의 경우, 소년교도소 경험이 내담자의 자존감 및 심리적 요인에 미친 영향에 대해 이해하고 있는가?

6-2) 보호사건으로 소년법원에서 송치되어 조사를 받은 내담자의 경우 조사과정에서 경험한 주변인들의 낙인이 있지는 않았는지 확인하였는가?

6-2-1) 낙인이 있었다면, 그로 인한 내담자의 심정은 어떤지 이해하고 있는가?

7) 내담자의 절도행동에 대한 스스로의 평가에 대해 파악하였는가?

❺ 내담자의 자원

1) 내담자를 가장 잘 이해해 주고 지지해 주는 대상은 누구인지 파악하였는가?
2) 내담자의 절도행동 근절에 도움이 되는 자원들은 어떤 것들이 있는지 탐색하였는가?
2-1) 내담자가 역량을 발휘했던 경험 및 좋아하는 것 등 내담자의 자원은 무엇이 있는지 탐색하였는가?
2-2) 내담자의 장래 희망에 대해 탐색하였는가?
2-3) 내담자가 원하는 진로에서 요구되는 능력을 어느 정도 가지고 있는지 탐색하였는가?
2-4) 절도행동 처벌 관련 법적 절차를 이해하고 있는가?
3) 내담자의 흥미, 능력, 가치관 등을 종합적으로 고려하여 진로와 연결하였는가?
4) 내담자의 향후 진로설계를 위하여 원하는 것을 용기 내서 도전해 볼 수 있도록 지지하였는가?

2) 절도행동 원인별 개입 방향

❶ 심리적 요인에 대한 개입

절도를 청소년의 발달 특성상 나타날 수 있는 특성으로 이해할 수 있다. 청소년기는 발달 단계상 자존감이 쉽게 낮아지기도 하고 높은 자극추구성향에 비해 충돌조절이 낮은 경우가 많다는 점에서 이와 같이 자극추구성향이 높은 청소년에게는 내재된 에너지를 분출할 수 있는 다양한 스포츠 활동 기회를 제공하는 것도 필요하다. 이것은 신체활동을 통해 자신의 몸을 관리하고 운동 기술을 익혀 가는 노력을 통해 자기효능감과 자기조절능력을 향상시키는 효과가 있기 때문이다. 또한 개인의 수준보다 상대적으로 어려운 과제를 제공하고 그를 해결할 수 있는 기술을 익히도록 하는 것도 필요하다. 이는 절도행동을 일으키는 청소년들에게 부족할 수 있는 문제해결기술과 자기통제력 증진에 도움을 준다. 이외에도 절도를 일으키는 청소년이 절도를 통해 관계적 측면에서 어떠한 욕구를 충족하고 싶은지 학교 내 전문가 및 상담기관을 통해 탐색하는 것이 필요하다(한국청소년상담원, 2002). 이처럼 가정과 학교, 상담기관에서는 청소년기라는 발달적 관점에서 절도청소년의 심리적 원인을 고려한 개입이 이루어져야 한다.

❷ 병리적 요인에 대한 개입

병리적 개입의 경우, 도벽이라는 충동조절장애의 문제로 자기통제력이 부족한 특성을 보이므로 이를 통제하고 조절할 수 있는 기분안정제나 항경련제 등과 같은 약물치료, REBT나 체계적 둔감화 등과 같은 심리치료를 통해 개입해야 한다. 먼저 약물치료를 위해서는 상담장면에서 스크리

닝을 통해 증상이 심각하다고 판단될 경우, 관련된 치료를 받을 수 있도록 병원에 연계하는 것이 필요하다. 특히 병원장면에서는 도벽 이외에 다른 정신질환의 공병 여부를 진단함으로써 증상에 따라 항우울제, 날트렉손 (naltrexone) 등의 약물을 투입하여 도벽과 공존하는 정신질환까지 완화될 수 있도록 해야 한다(Grant, 2003, 2006). 그와 동시에 REBT나 행동 치료를 제공함으로써 도벽에 대한 충동조절 능력을 증진시킬 수 있는 훈련을 제공한다. 이를 위해 우선 도벽으로 인해 나타날 수 있는 부적절한 정서·행동적 결과를 탐색하여, 도벽을 일으키게 된 근본적인 원인이 무엇인지 확인하도록 한다. 이때 도벽으로 인한 도식이 부적절한 것임을 논박을 통해 인식하게 되면, 혐오치료나 체계적 둔감화 등과 같은 기법으로 함께 개입하여 충동조절 능력을 함양할 수 있다(한국청소년상담원, 2002).

❸ 사회·환경적 요인에 대한 개입

(a) 또래관계

또래의 압력과 또래 동조성은 청소년 절도행동에 영향을 미치는 중요한 요인이다. 청소년은 또래관계에 영향을 많이 받으며, 또래동조성으로 인하여 비행 가능성이 증가하므로(김희화, 2009), 절도청소년들에게도 적절한 또래개입이 이루어져야 한다.

또래의 권유나 압력에 대해 대처하는 능력이 절도행동에 미치는 영향에 대한 연구(Wright, Nicholas, Graber, Brooks, Gunn & Botvin, 2004)에서 또래집단의 압력에 대해 확산적 반응을 활용할 때, 절도행동이 완화되는 것으로 나타났는데, 확산적 사고란 한 가지 질문에 대해 다양한 반응을 보이면서 자신의 말을 각색하고 수정하는 능력을 말한다. 또래압력 상황에 대한 연구는 다음과 같이 진행되었는데 먼저 절도에 가담시키려 하는 가상의 또래 압력 상황을 피실험자인 청소년에게 제시하고, 절도를 권유하는 훈련된 공모자가 청소년의 반응과는 관계없이 "빨리 해 봐, 다른 사람들도 다 훔쳐", "난 자주 훔치는데, 아무 일도 없을 거야"와 같은 말을 하며 절도행동을 부추겼다. 그리고 이와 같은 또래압력 상황에서 청소년들의 반응을 녹화한 후 분석하여 연구를 실시하였다. 그 결과 확산적 사고를 또래압력 상황에서 거절의 방법으로 사용하였을 때 절도 행위에 대한 통제가 가능해져 절도행동의 가능성이 매우 낮아진다는 사실을 발견하였다.

청소년의 또래압력에 대응할 수 있는 확산적 사고를 습득할 수 있도록 다양한 교육 및 프로그램 개발이 이루어져야 할 것이다.

(b) 부모와의 관계

청소년 절도의 예방을 위해서는 가정의 역할이 매우 중요하다. 김해운 (2010)은 가족관계 결손으로 인한 심리적 상처의 치유와 최소화를 개입방안으로 제시하였는데, 이는 대부분의 절도청소년들은 가족관계가 평탄치 않고 편부모, 이혼, 친모의 가출, 부의 폭력 등 가족 간의 관계 결손이 있는 것으로 나타났기 때문이다. 따라서, 가족관계와 가정의 기능 회복이 청소년 절도 예방에 있어 우선적이라고 볼 수 있다. 가정 내에서 따스하게 수용되는 경험을 가지지 못한 청소년들은 다른 곳에서 애정을 채우려고 하기 때문에 부모는 아이를 수용해 주는 경험을 꾸준히 제공하는 것이 절도행동의 예방 및 교정에 도움이 될 수 있다.

또한, 부모의 양육방식과 정신건강은 청소년의 절도행동과 밀접한 관련이 있다. 우울한 엄마는 강압적 양육방식과 일관성 없는 훈육을 사용하기 때문에 자녀의 품행 문제나 절도행동을 초래한다(Downey & Coyne, 1990; Susman, Trickett, Ianotti, Hollenbeck & Zahn-Waxler, 1985). 또한 부모의 잘못된 양육방식과 소홀한 감독은 절도의 위험 요인인 것으로 나타났다(Lovejoy, Graczyk, O'Hare & Neuman, 2000). 자녀의 문제행동 교정을 위한 부모의 정신건강, 양육방식, 관여 등에 대한 개입으로 미국에서 많이 사용되고 있는 프로그램에는 Triple-P(Positive Parenting Program)가 있다. Sanders와 Markie-Dadds(1996)가 개발한 Triple-P는 자녀의 행동, 정서, 발달 문제를 예방하고자 하는 다단계의 전략적 절도예방프로그램으로서 부모 및 가족에 개입하여 활용되어 왔다. 이 프로그램은 부모의 양육기술을 향상시켜 행동문제가 있는 아이로 하여금 반사회적 행동을 하지 않도록 돕고, 부모·자녀 간 바람직한 의사소통 및 긍정적 관심을 통해 아이들이 건강하게 성장하는 데 초점을 맞춘다. 구체적으로 부모들에게 자녀와 질 높은 시간을 보내고, 칭찬, 신체 접촉 등과 같은 긍정적 관심과 애정을 주는 법, 자녀의 정직함과 바람직한 행동을 칭찬하는 방법을 교육함으로써 긍정적인 부모-자녀 관계를 형성하도록 돕는다(Sanders & Markie-Dadds, 1996).

(c) 학교 적응 문제

청소년기에는 사회적 환경과의 지속적인 상호작용이 일어난다. 사회적 상호작용은 청소년이 보이는 대부분의 행동에 영향을 미쳐 비행과 같은 또 다른 결과물을 만들어 내게 된다. 그중에서 절도는 환경과의 직접적인 상호작용을 통해 나타나는 청소년기의 대표적 문제행동이다(이동훈 외, 2011). 따라서 청소년이 많은 시간을 보내는 학교에서는 절도행동을 차단하고 대안적 행동을 발견할 수 있도록 개입 방안을 제공하는 것이 필요하다.

학교 적응을 돕기 위해 학교와 교사는 절도청소년에게 지속적인 관심을 제공해야 한다. 학교와 교사가 건네는 긍정적인 언어·비언어적 관심은 절도청소년으로 하여금 학교에 대한 호기심을 높일 수 있다(이진현, 이동훈, 2012). 이는 절도청소년에게 상실된 학교생활의 관심을 유도하고, 교사와의 깊은 유대관계를 형성하는 데 밑바탕이 된다. 학교 및 교사와의 유대관계는 절도청소년의 학업의지를 북돋고 학습방법을 개선하는 등의 학습컨설팅 과정을 제공함으로써 깊어질 수 있다(한국청소년상담원, 2002). 또한, 절도청소년의 행동 교정을 위해서는 또래상담자를 활용할 수도 있다. 또래 관계에서 절도청소년이라는 선입견을 방지하기 위하여 또래상담자들을 통해 또래들이 절도청소년에 대한 선입견을 가지지 않도록 하여 긍정적인 교우관계 개선을 돕는 것이다. 교내에 배치된 전문상담교사, 교육복지사, 심리치료사 등의 전문 인력을 활용하는 것도 필요하다. 교내 전문가들의 협력체계는 절도청소년의 절도행동을 예방하고 다각적인 차원에서 절도청소년을 지원할 수 있는 자원이 되므로 절도청소년의 학교적응유연성 증진을 위한 긍정적인 역할을 할 수 있다.

(d) 사회와 정부의 역할

가정이 해체되거나 부모의 능력이 부족하여 자녀를 교육 또는 보호할 수 없는 경우와 같이 가정이 제 역할을 못할 때 사회와 정부가 관여하여 청소년에 대한 보호와 교육의 역할을 해야 한다. 우리나라의 경우 비행 및 범죄 청소년 문제와 관련하여 조기에 효과적으로 개입할 수 있는 풍부한 처우프로그램들이 부족하여, 사전예방보다는 사후대응에 주력했고, 처우는 소년복지와 연계되지 못한 채 소년사법기관들을 중심으로 전개되었다(김은경, 2006). 다양하지 못한 보호처분으로 말미암아 범죄 소년들은 보호능력이 부족한 보호자에게 되돌려 보내지거나, 보호관찰이나 소년원에 송치되는 경우가 많았다(김지선, 2006). 미국에서는 재비행 방지를 위해 범죄를 저지른 청소년들을 소년원에 수감하기보다는 지역사회 차원의 치료·보호시설에서 교정프로그램을 이수하는 방향으로 정책의 초점이 바뀌고 있으며, 이는 청소년 범죄자 수의 감소 효과를 낳았다.

따라서, 국내에서도 경찰단계에서 경미한 범죄를 저지른 청소년에 대해서는 상담 명령제 도입을 통해서 경찰과 면담 후 전문상담 기관에 의뢰하여 상담을 받을 수 있도록 하는 것이 바람직하다(김성이 외, 1996). 현재 경찰에서는 사랑의 교실을 통해 범죄 청소년의 재범 위험성을 사전에 차단하고 재사회화를 이루기 위한 교육이 전국적으로 실시되고 있다. 법원으로 넘어간 사건의 경우에도 보호관찰뿐만 아니라 부가처분의 일환으로 상담전문기관에서 하는 일대일 상담이 효과적이라는 판단하에 청소년상담기관과 연계하여 상담명령을 하고 있다. 또한, 보호자에 대한 특별교육명령을 부과하여, 청소년의 문제가 가정환경의 문제라는 점을 인식할 수 있도록 조치하고 있다.

2. 절도행동 유형별 특징

1) 절도행동에 영향을 미치는 요인별 4가지 유형

절도행동에 영향을 미치는 요인으로는 사회·환경적 요인, 심리적 요인, 병리적 요인 등이 있으며 절도행동은 이러한 요인들이 복합적으로 영향을

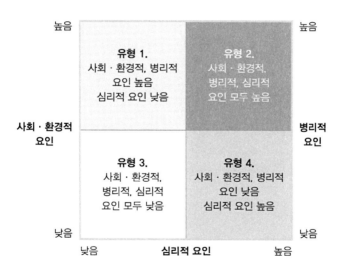

그림 7 절도행동에 영향을 미치는 요인에 노출된 정도

미쳐 드러난다. 따라서, 절도 청소년을 상담 할 때는 각 요인이 어떻게 영향을 미치는지 유형별 특징을 주지할 필요가 있다.

❶ 유형 1: 사회·환경적, 병리적 요인 높음/심리적 요인 낮음

사회·환경적, 병리적 요인이 높은 유형의 경우 내담자의 병리적 요인(성격장애 또는 기분장애)이 가족 내 또는 사회적 관계에서 갈등을 유발해 왔을 수 있다. 내담자의 병리적 특성으로 인해 주위 사람들이 소진되었을 수 있으며, 이는 내담자의 대인관계 자원 측면에서도 부정적 영향을 미쳤을 수 있다. 병리적 요인이 높은 내담자의 경우 전문적인 심리상담이 요구되며, 필요에 따라 가족상담이 함께 이루어질 수 있다. 장기 상담으로 진행될 필요가 있으며 절도행동 근절의 목표 또한 단기간에 이루어지기 어려울 수 있다.

❷ 유형 2: 사회·환경적, 병리적, 심리적 요인 모두 높음

사회·환경적, 병리적, 심리적 요인이 모두 높은 경우, 변화의 가능성이 가장 희박하다. 이러한 경우, 향후에 절도행동의 재범 및 성인범죄로 확대될 확률이 매우 높기 때문에 보호관찰 등의 적극적 관리가 필요할 수 있다. 특히, 품행장애 등의 정신과적 진단을 받은 병력이 있거나, 신체적 가해 경험이 있는 경우 장기적이고 적극적인 개입과 관리가 필요하다. 또한, 내담자의 가족 및 지인과의 관계 갈등 여부에 따라 가족 상담이 함께 진행될 필요가 있을 수 있다.

❸ 유형 3: 사회·환경적, 병리적, 심리적 요인 모두 낮음

이 유형은 절도행동 개선의 가능성이 가장 높다. 최근, 사법기관에서는 절도행동 청소년에 대해 처벌을 바로 내리지 않고 낙인과 재범률을 줄일 수 있도록 상담기관과 연계하고 있는데, 이 유형의 청소년들을 잘 스크리닝하여 자신의 문제행동에 대해 스스로 자각할 수 있는 기회를 제공하고 성인 범죄로 진행되지 않도록 차단하는 것이 필요할 것으로 보인다. 절도행동에 영향을 미치는 사회·환경적, 심리적, 병리적 요인이 모두 낮음에도 불구하고 절도행동이 발생된 계기가 무엇인지, 절도행동의 2차 이득은 무엇이었는지 상담과정에서 파악하여 절도행동을 단절할 수 있도록 개입하는 것이 필요하다.

❹ 유형 4: 사회·환경적, 병리적 요인 낮음/심리적 요인 높음

유형 4의 경우 병리적 요인이 낮고, 대인관계의 자원이 있다는 측면에서 절도행동 근절에 긍정적 영향을 미칠 수 있다. 이 유형의 경우 내담자의 기질적 측면을 어떻게 긍정적인 방향으로 전환할 수 있을지가 가장 핵심적일 수 있는데 내담자에게 충동성이나 재미 또는 스릴을 즐기는 성향이 있다면, 이러한 성향을 운동 등의 활동적인 취미로 해소할 수 있도록 유도한다거나, 주도적이고 경쟁적인 남성성이 높다면, 보다 사회적으로 용인 가능한 성취를 할 수 있도록 개입할 수 있다. 한편 도덕적 판단력이나 자기 통제력이 부족하다면 상담과정에서 자기 스스로 절도행동이 자신 또는 타인에게 미치는 부정적 영향에 대해 성찰할 수 있도록 하여 자기조절 능력을 향상시킬 수 있도록 지원한다. 또한, 내담자의 우울, 불안 등의 정서상태가 절도행동에 영향을 미쳤다면 절도행동 해당 시점의 발생 계기 등을 탐색할 필요가 있다.

3. 사례로 이해하는 청소년 절도행동

1) 절도 청소년 상담 사례 개념화

한국상담심리학회(2008)에서는 개인상담사례 슈퍼비전을 받기 위한 보고서 작성 시, 〈표 7〉과 같은 형식을 갖추도록 권장하고 있는데, 구성틀 가운데 내담자 이해 및 상담이 목표와 전략이 사례개념화에 해당한다(금명자, 2021). 본서에서는 절도 청소년 상담사례개념화를 위해 한국상담심리학회(2018) 사례개념화 구성 틀에 맞추어 작성하고자 한다. 그러나, 상담의 목표와 전략 부분은 앞서 서술된 바와 같이, 절도청소년의 이해를 위해 필수적으로 탐색이 요구되는 사회·환경적 요인, 병리적 요인, 심리적 요인을 바탕으로 제시하고자 한다.

1	기본정보	① 인적사항	
		② 상담신청 경위	
		③ 주호소 문제	
		④ 이전상담경험	
		⑤ 가족관계	
		⑥ 인상 및 행동특성	
		⑦ 심리검사 결과 및 주요 해석 내용	
		⑧ 내담자 강점 및 자원	
2	사례이해	① 내담자 이해	상담경위
			주호소문제
			근본 원인과 그로 인해 내담자가 현재 받고 있는 영향
			내담자가 받은 부정적 영향과 관련된 내담자 욕구
			내담자 이해를 바탕으로 한 상담 방향성
		② 상담목표와 전략	목표
			전략
		③ 슈퍼비전을 통해 도움받고 싶은 점	
3	상담계획	① 상담진행과정 및 회기 주제	
		② 상담회기 내용	

표 7 한국상담심리학회 사례개념화 구성틀

2) 절도 청소년 사례

2-1) 부모님의 변화가 절도 근절의 계기가 된 A학생의 사례(유형 4)

❖ 내담자 A 사례

내담자 A는 어릴 때부터 가정폭력에 시달려 왔다. A의 어머니는 내담자가 초등학생 때 길을 가다 먹을 것을 사 달라고 조른다며 머리를 심하게 때리기도 했고, A가 학원을 간다고 거짓말을 하고 친구들과 놀았다는 이유로 심한 신체적·언어적 폭력을 가하였다. 어머니는 내담자가 어릴 때부터 집에서 혼자 술을 자주 드셨고, 술을 드실 때마다 폭력은 더욱 심해졌다.

〈내담자 A〉

학교생활 적응도 어려웠다. 내담자는 친구들에게 왕따를 당하면서 언어적·정서적 폭력을 당하기도 하였다. 한번은, 학교 친구들이 A의 외모와 성격에 대한 욕을 적어 돌려 보았다. 당시, A는 소수의 몇몇 친구들하고만 친하게 지내고 있었으나, A를 괴롭히던 친구들이 퍼뜨린 왜곡된 소문으로 인해 그나마 친했던 친구들에게도 곱지 않은 시선을 받게 되었다. A는 친구들에 대한 분노가 말할 수 없이 커졌고, 더 이상 학교 친구들을 믿을 수 없었다. 학교에서는 누구와도 마주치고 싶지 않았고 친하게 지내던 친구들까지도 점차 연락을 두절하게 되었다.

A는 결국 학교를 그만두게 되었다. 혼자 집에 있다가 학교를 다니지 않는 친구들

과 조금씩 어울리게 되면서 외박을 하기도 하고, 집보다는 밖에서 친구들과 어울리는 시간이 점점 많아지게 되었다. 학교 밖 친구들은 A의 유일한 관계의 끈이었다.

친구들과 밖에서 어울리는 시간이 길어지자, A는 점점 경제적으로 어려워지기 시작했다. 친구들과 어울리기 위해서는 돈이 필요했고, 예쁜 옷도 사고 싶고 화장품도 갖고 싶었다. A는 친구들과 계속해서 어울리고 싶은 마음에 화장품을 처음으로 훔치게 되었다. 처음에는 A의 절도 행위가 초범이었고 반성하는 태도를 보여 훈방조치되었지만, 절도가 점차 반복되면서 결국 법원까지 가게 되었다.

A는 절도 이후 다시 기존 생활로 돌아오기가 어려웠다. 가족 내 폭력과 방임은 가장 큰 걸림돌이었다. 학교를 그만두고 집에서 생활하는 A를 바라보던 어머니는 작은 일에도 화를 내시고 신체적 폭력을 가하시곤 했다. 하지만 절도 근절에 가장 큰 영향을 미친 것도 A의 부모님이었다. 특히, A의 아버지는 A의 반복된 절도로 인해 많이 힘들어 하셨고, 항상 걱정을 놓지 않으셨다. 또한 어머니도 A의 절도사건을 계기로 함께 상담을 받으시면서 자신의 잘못을 돌아보고 자녀를 이해해 보고자 노력하셨다. A는 부모님이 생활고로 인해 늦게까지 일을 하셔서 자주 시간을 함께 보내기는 어려웠으나, 자신을 포기하지 않고 끝까지 지지해 주려고 노력해 주시는 모습을 보며 미안한 마음이 들어 절도 근절을 결심하게 되었다.

현재, A는 학교밖지원센터의 도움으로 검정고시에 도전하여 중학교를 졸업하고자 노력하고 있으며 아르바이트를 하면서 생활하고 있다. 향후 A는 패션디자이너가 되고 싶은 꿈을 이루기 위해 꾸준히 도전해 볼 생각이다.

(1) 내담자 기본 정보

① 인적사항: 여, 17세, 중학교 중퇴, 부모님과 함께 거주
② 상담신청 경위: 반복된 절도로 인해 법원에서 상담을 권유받음
③ 호소문제
  • 내담자: '앞으로 어떻게 살아야 할지 막막하다', '내 마음을 알아주는 사람이 없는 것 같다'
  • 어머니: '자녀가 더 이상 절도행동을 하지 않았으면 좋겠다'
  • 아버지: '집에서 A가 말을 하지 않아서 답답하다. 속마음을 알고싶다'
④ 이전 상담경험: 없음
⑤ 가족관계
  • 아버지: 52세, 고졸. 공사 현장에서 노동일을 하심. 내담자가 초등학교 저학년까지는 경제사정이 안정적이었으나, 사업에 실패하면서 막노동을 시작하심. 무뚝뚝하시지만 내담자를 걱정하며 챙기시는 편. 집에 항상 늦게 들어오셔서 얼굴을 보기가 어려움. 경제적 어려움이 생긴 후로부터 어머니와의 관계가 좋지 않아져 집에 계실 때는 어머니와 말다툼이 잦음. 어머니가 소리를 지르시면 같이 화를 내시다가도 자리를 피해 버리는 식으로 대처하심.

- 어머니: 47세. 고졸. 건물 청소 일을 하심. 경제적 어려움으로 인해 스트레스를 많이 받고 계시며, 술을 드실 때마다 폭언을 하심. 술을 드시지 않을 때는 폭언을 하지 않지만, 평소에도 분노가 많으시고 집에서 쉬실 때면 무기력하게 누워 계시는 편. 내담자뿐 아니라 아버지에게도 소리를 자주 지르시곤 함.
⑥ 인상 및 행동 특성: 작은 키에 마른 체형. 상담 시간보다 항상 일찍 도착하여 기다림. 상담이 시작되면 다소 긴장한 표정. 상담자와 눈을 잘 마주치지 못하고, 상담 중간중간 상담자를 힐끔힐끔 쳐다봄.
⑦ 내담자의 강점 및 자원: 자신의 절도행동을 근절하길 바라고 있으며, 향후 진로설계에 대한 동기가 높음. 아버지가 내담자의 행동 개선에 관심이 많고 지지적임. 어머니도 술을 드시지 않을 때는 내담자에 대한 걱정을 많이 하시고 지지적으로 지원하고자 하심. 또한 어머니 자신의 행동을 개선하고자 하는 욕구가 높으심.

(2) 사례개념화와 상담 방향성

① 내담자 이해
- 상담경위 → 반복된 절도행동으로 인한 법원의 행정명령으로 상담을 받기 시작
- 주호소 문제 → 접수면접에서 내담자는 절도행동에 대해 후회하

며 학교도 그만둔 상태에서 앞으로 어떻게 살아야 할지에 대한 막막함을 호소

- 근본 원인과 그로 인해 내담자가 현재 받고 있는 영향 → 내담자는 어린 시절부터 아버지의 사업실패와 알콜릭 증상이 있는 어머니로부터 정서적·신체적 폭력을 경험해 왔는데, 학교에서도 또래관계를 잘 맺지 못하고 집단 따돌림 및 언어적 폭력을 경험하여 우울과 불안을 호소하고 등교를 거부함. 결국 A는 학교를 자퇴하고 학교 밖에서 만난 친구들이 절도행동을 하는 것을 보고 절도행동에 가담하기 시작함.

- 내담자가 받은 부정적 영향과 관련된 내담자 욕구 → 어디에서도 자신을 이해받지 못한다고 생각하면서 살아온 A는 절도행동 가담 이후 친구들로부터 이해받고 지지받는다는 느낌을 받아 점차 반복적으로 절도행동을 하게 됨. 자기를 알아주는 친구들과 함께 있는 것이 안전하다고 느낌. 그러나, A는 절도행동으로 법원의 재판을 받게 되면서, 수치심을 느끼고 미래에 대한 고민을 하기 시작함.

- 내담자 이해를 바탕으로 한 상담 방향성 → A는 스스로에 대해 '무능하다, 할 줄 아는 게 없다'는 식으로 비난하고, 주변 사람들은 자신을 '비행청소년, 사회부적응자'라고 여길 것이라 생각함. 상담은 A가 다른 사람들과의 관계에서 보다 안정감을 느끼고, 절

도행동이 아닌 다른 방식으로 자신의 강점을 발견하여 타인과 보다 건강한 방식으로 대인관계를 맺고, 자신에게 맞는 진로를 찾아갈 수 있도록 진행하고자 함.

(3) 내담자 A에 대한 상담 목표와 전략

- 상담목표 → 우울감 및 불안 감소

  절도행동을 근절 및 적성에 맞는 진로 찾기
- 상담전략 → A의 부적응적인 신념과 행동에 의해 발생된 문제 상황을 분석하고, 인지적 재구조화를 통해 부적응적인 신념과 행동을 교정

  상담자와의 관계를 통해 교정적 정서 경험 및 대인 관계 문제 해결 기술을 습득

(4) 내담자 A에 대한 상담개입과정

❶ 심리적 요인 탐색

내담자 A는 상담 내방 당시, 어머니의 폭력, 학교 내 집단 따돌림, 절도행동 조사과정에서 경험한 낙인으로 인하여 자존감이 현저히 떨어져 있었고, 우울 및 불안이 매우 높은 상태였다. 자신의 절도행동이 잘못되었다는

것을 인지하고 있었으나, 절도행동이 충동적으로 반복되었다는 점 또한 A
의 무기력감을 가중시키고 있었다.

A의 절도행동 기저에는 친구들과 지속적으로 어울리고 싶고, 인정받고
싶다는 욕구가 있었기 때문에 절도행동의 근절이 쉽지 않았다. 상담 당시,
A는 자신의 이러한 2차 이득과 욕구로 인하여 절도행동을 근절하기 어려
운 상태라는 것을 인지하지 못하고 있었다. 오히려 자신의 절도행동에 대
한 자책 및 자기 비난만이 반복적으로 이루어져 우울과 무기력감을 더하
고 있었다. 상담자는 내담자의 이러한 심리적 특성을 바탕으로 내담자의
절도행동을 강화했던 2차 욕구를 내담자가 스스로 인식할 수 있도록 돕고
절도행동을 근절할 수 있도록 개입하였다. 또한, A는 자기 스스로에 대해
'사회 부적응자', '무능한 사람'으로 생각하고 있었고, 이런 생각이 떠오를
때마다 우울 및 불안감에 압도되어 절도행동을 하는 친구들에게 연락하는
식의 패턴이 반복되어 왔는데, 상담에서는 이러한 내담자의 사고 감정 행
동패턴을 모니터링할 수 있도록 하고, 논박하여 부적응적 신념 및 행동을
개선할 수 있도록 개입하였다.

❷ 부모양육 태도 및 사회·환경적 요인 탐색

관계에 대한 A의 인정 욕구는 부모의 잘못된 양육태도에 기인하고 있
었다. 어머니의 강압적이고 통제적인 양육태도 및 언어적 신체적 폭력은

내담자가 건강한 자기감과 자아존중감을 형성하기 어렵게 하였다. 또한, 어머니와의 심리적 갈등은 가정 밖의 권위자와의 관계에서도 부정적 영향을 미치고 있었는데, A는 여성 교사 및 경찰 등을 대할 때면 어머니가 연상되어 '저 선생님은 나를 싫어할 것이다', '나를 억압하고 무력으로 해칠지 모른다'는 생각이 떠오르곤 하였다. 상담에서는 이러한 역기능적인 권위자와의 관계를 상담자와의 관계 속에서 재현되도록 하였고, 상담장면에서 나타나는 전이 역전이 감정을 활용하여 내담자의 왜곡된 대인관계 패턴을 교정하고자 하였다.

❸ 부모의 개인상담 병행

이러한 내담자의 가정 내 폭력 및 방임은 내담자 절도행동에 직접적인 영향을 미치는 요인이었기 때문에 상담은 부모상담 및 교육과 함께 진행하게 되었다. 내담자의 어머니는 상담 초기에 내담자에 대한 불만과 분노만을 반복적으로 호소하였으나, 점차 자신의 음주와 폭발적인 분노표출, 가정 내 폭력으로 하여금 자녀의 절도행동에 부정적 영향을 미치고 있었음을 깨닫기 시작하였다. 상담을 진행하면서, A의 어머니는 자신도 사실상 어린시절 가정폭력의 피해자였으며, 가정 내에서 건강한 의사소통 방법을 배우지 못했음을 알게 되었다. 어머니는 상담을 통해 점차 내담자 A를 이해하기 시작했고, 이러한 어머니의 변화는 A의 절도행동 근절에 큰 동력이 되었다.

❹ 내담자의 자원 탐색 및 진로 방향의 설정

A는 상담이 진행되면서 점차 절도행동을 근절하고 자신의 진로를 계획하기 위해 노력하였다. 상담자는 A의 흥미, 적성, 성격 등에 대한 다각도의 검사를 함께 진행하면서 내담자의 진로를 탐색하였다. A는 앞으로 패션디자이너가 되고자 하는 꿈을 갖게 되었으며, 상담 장면에서 패션디자이너가 되기 위한 구체적인 방법을 논의하였다.

2-2) 학교 교사의 지지로 절도를 근절한 B학생의 사례(유형 2)

❖ 내담자 B 사례

내담자 B는 초등학교 2학년 때 아버지가 재혼하시면서 새어머니와 함께 살게 되었다. 처음에 새어머니는 B에게 잘해 주시려고 많이 노력하셨지만, B는 새어머니를 마음으로 받아들이는 것이 좀처럼 쉽지 않았다. B는 밤늦게 집에 들어오는 일이 많았고, 친구들을 만나 술을 마시거나, 학교에서 학교폭력 가해자로 문제를 일으키기도 했다.

〈내담자 B〉

B는 새어머니와의 관계가 원만하지 못했다. 새어머니는 집에서뿐 아니라 학교에서도 문제행동을 자주 일으키는 B를 항상 못마땅하게 여기시곤 했다. 새어머니와 B는 사사건건 부딪히는 횟수가 많아졌고, B도 새어머니에 대한 분노가 쌓여 폭발하기도 하였다.

한번은 B가 새어머니와 싸우고 나서 욕을 하고 집을 나가는 일이 있었는데, 이때 아버지는 B에게 '왜 엄마한테 화를 내냐'고 소리를 지르셨다. 내담자는 자기에 대한 이해보다는 새어머니 편만 드는 아버지에 대한 분노도 참기 어려웠다.

결국, B는 가출을 했고, 이후 생활할 돈이 없어 절도를 하기 시작했다. 편의점이나 마트에서 먹을 것 등을 훔치기도 하고, 휴대폰을 훔쳐서 팔아 쓰며 반복적으로 절도를 하곤 하였다. 돈을 쉽게 벌 수 있었기에 재미와 스릴도 있었다. 같이 절도를 하던 친구들은 B의 대담함을 추켜세웠고, B는 친구들로부터 어디서도 받지 못했던 인정을 받고 있다고 느꼈다. 처음 편의점에서 먹을 것을 훔치다가 걸렸지만 훈방되었고, 이후 절도를 반복하다가 경찰에 걸렸다.

(1) 내담자 기본 정보

① 인적사항: 남, 16세, 중학교 중퇴
② 상담신청 경위: 내담자는 절도행동 근절 및 문제행동 개선을 위해 교사가 상담을 신청
③ 호소문제
  • 내담자: '절도행동을 근절하고 싶다', '학교에 다시 적응하고 싶다', '공부를 하고 싶은데 공부방법을 모르겠다'
④ 이전 상담경험: 없음
⑤ 가족관계
  • 아버지: 55세, 대졸. 회사원. 말수가 적고, 엄격하신 편. 내담자 초등학교 때 어머니의 외도로 이혼하신 후, 현재 새어머니와 재혼하심. 재혼 이후 가정을 잘 꾸리고 싶은 마음이 크셨으나, 내담자의 잦은 문제행동으로 스트레스를 많이 받으심. 내담자가 학교에서

문제를 일으킬 때마다 '너는 엄마 닮았다'는 이야기를 자주 하심.

- 새어머니: 40세. 고졸. 아버지는 재혼이신데, 어머니는 초혼이셔
서 결혼 당시 친정의 반대가 심했다고 함. 내담자는 새어머니가
자신에게 관심이 전혀 없다고 느낌.

⑥ 인상 및 행동 특성: 큰 키에 약간 마른 편. 주로 바닥을 쳐다보고
있다가 상담자를 쳐다볼 때는 매서운 느낌이 듦. 상담 중 다리를 떨
거나 머리를 자주 만지는 등 다소 불안해 보임.

⑦ 내담자의 강점 및 자원: 학교에서 음주 및 흡연 등 문제행동을 자주
일으키긴 했으나, 성적은 중상위권을 유지. 중학교 1학년 때 담임
선생님은 이런 내담자의 지적 자원을 알아보고, '너는 마음만 먹으
면, 얼마든지 공부를 잘 할 수 있는 아이다'라고 이야기해 주심.

(2) 사례개념화와 상담 방향성

① 내담자 이해

- 상담경위 → 절도행동 근절 및 문제행동 개선을 위해 교사가 상
담을 신청

- 주호소 문제 → '절도행동으로 법원에서 재판을 받는 것이 너무
싫었다. 절도행동을 근절하고 싶다', '학교로 돌아가게 되면 자신
을 믿어주신 선생님을 실망시키지 않기 위해 공부를 하고 싶은데

어떻게 해야 할지 모르겠다'

- 근본 원인과 그로 인해 내담자가 현재 받고 있는 영향 → 내담자는 초등학교 때부터 학교에서 친구들과 자주 다투거나, 공격적인 언행으로 문제를 일으키기도 하였는데 이러한 문제는 중학교 때 점점 더 심해져 학교폭력 가해자로 지목을 받기도 함. 이러한 내담자의 패턴은 평소 높은 자극추구성향 및 낮은 자기통제력 등의 심리적 요인뿐 아니라, 초등학생 때 어머니의 외도와 아버지의 재혼을 경험하면서 주 양육자와의 안정적인 애착을 형성하기 어려웠던 부분에서 유발된 것으로 보임. 또한, 아버지의 재혼 이후 부모님은 내담자를 항상 못마땅하게 바라보곤 하였는데, 아버지는 '매사에 자기 멋대로였던 네 친엄마를 닮았다'는 식의 이야기를 자주 하셨고, 새어머니는 내담자가 문제행동을 일으킬 때마다 '골치 아프다'는 식으로만 이야기하셔서, 가족 내에서 항상 소외감을 느껴 온 것이 내담자의 낮은 자아존중감에 영향을 미친 것으로 보임.
- 내담자가 받은 부정적 영향과 관련된 내담자 욕구 → B는 부모님과 갈등으로 가출한 이후 생활할 돈이 없어 절도를 하기 시작. 돈을 쉽게 벌 수 있고 재미와 스릴을 느낄 수 있어서 절도행동이 반복됨. 또한, 함께 절도행동을 했던 친구들도 B의 대담함을 대

단하게 여기고 좋아하자, B는 가정에서 느낄 수 없었던 자신의 존재감을 처음으로 느끼게 됨. 하지만, 절도행동으로 법원에서 재판까지 받게 된 이후, 자신의 행동에 대해 돌아보는 시간을 갖게 되었고, 나중에는 학교에서 선생님이 자신을 알아주고 믿어주셨던 것처럼 비행청소년들을 선도하는 교사가 되고 싶다는 꿈을 처음으로 갖게 됨. B는 학교에서 친구들과도 잘 지내고 싶고, 선생님의 기대에 부응하여 공부도 열심히 하고 싶다고 함.

- 내담자 이해를 바탕으로 한 상담 방향성 → B는 자기 스스로를 대할 때 '나는 무능하고 쓸모없는 존재'라고 생각하고 있으며, 가족들은 자기만 없으면 행복할 사람들이라고 생각함. 하지만 학교 친구 몇몇과 학교 선생님이 자신을 믿어주셔서 큰 힘이 된다고 보고 함. 상담은 절도행동을 근절하고, 학교 친구들에게도 그동안의 공격적이고 가학적인 태도를 벗어나 우호적인 관계를 맺기 위한 기술을 습득하도록 하여 탈절도 이후 생활에 적응할 수 있도록 돕는 방향으로 진행하고자 함.

(3) 내담자 B에 대한 상담 목표와 전략

- 상담목표 → 분노조절
  절도행동을 근절 및 학습방법 습득

대인관계 스킬 습득

- 상담전략 → B의 부모님에 대한 분노 및 심리적 외상에 대해 보다 면밀히 탐색하고, 부모님에 대한 다양한 감정을 정화 및 수용할 수 있도록 돕고자 함.

  절도행동의 동기가 무엇이었는지 탐색하고 부적응적인 행동을 교정하고자 함.

  학교에서 교사 및 친구관계 회복을 위한 대인관계 스킬을 쌓을 수 있도록 함.

  자극 추구성향 및 남성성이 높은 심리적 특성을 긍정적으로 승화시킬 수 있도록 다양한 스포츠 활동 등에 참여할 수 있도록 개입하고자 함.

(4) 내담자 B에 대한 상담개입과정

❶ 심리적 요인 탐색

내담자 B가 처음 내방했을 때, 내담자의 전반적인 심리특성을 이해하고자 심리검사가 진행되었다. 심리검사 결과 내담자는 남성성(강함, 독립성, 적극성, 주도성, 성취, 경쟁을 특징으로 함)이 매우 높은 성격이었으며, 자극 추구 성향이 높게 나타났다. 또한, 순간 만족과 쾌락, 충동을 자제하고 조절할 수 있는 자기통제력이 현저히 낮게 나타나 절도행동 발생에 영향을 미치고 있음을 알 수 있었다. 내담자는 상담과정에서 절도행동으로 물질적 이득을 얻기도 했지만 절도행동 상황의 스릴이 재미있었다고 보고하였는데, 이러한 심리특성은 내담자의 절도행동 근절에 큰 방해요소가 되었다. 상담자는 B의 높은 자극추구성향, 남성성 등을 긍정적으로 승화시킬 수 있도록 학교 교사의 협조를 구하여 학내에서 스포츠 활동에 참여할 수 있게 독려하였다.

❷ 법적 처리과정에 대한 상담 개입

B는 여러 차례의 재판과정에서 절도행동으로 인해 겪어야 할 낙인, 고충들을 경험하며 자신의 행동이 잘못된 것이었음을 조금씩 깨닫고 있었다. 법원에 출석할 때마다 느껴야 하는 두려움, 조사과정에서 받게 되는 주변사람들의 부정적 시선, 그리고 무엇보다 자신을 그동안 믿어주려고 애써 주신 선생님에 대한 죄송한 마음이 가장 컸다. 상담자는 상담과정에서 B가 자신의 행동에 대한 책임을 본인 스스로 감당해야 하고, 자신의 문제행동은 타인에게 말할 수 없이 큰 정신적·물질적 피해로 이어진다는 것을 주지시키며 조망능력을 넓힐 수 있도록 개입하였다.

❸ 부모의 양육태도에 대한 탐색

내담자는 현재 함께 거주하고 있는 새어머니와의 관계에서 불화를 자주 경험하였기 때문에, 안정적인 애착형성이 이루어지기 어려웠다. 내담자의 새어머니는 내담자에게 관심을 보이지 않으며, 문제행동에 대해 무시와 냉소적 반응을 보이셨다. 아버지 또한 재혼 이후 새로운 가정을 잘 꾸리고 싶었지만, B가 반복적으로 문제행동을 일으키자 외도하고 집을 나간 어머니와 동일시하며 B에게 폭언을 하곤 했다. B는 어머니가 외도로 집을 나가신 이후 '자신이 버려졌다'고 느끼고 말할 수 없는 슬픔과 분노를 느꼈는데, 아버지가 이런 어머니를 자신과 닮았다고 이야기하실 때마다 내적 혼란을 경험할 수밖에 없었다.

B는 이처럼 가정 안에서 안정적인 애착을 형성하기 어려운 상황이었을 뿐 아니라 심리적 외상을 경험하고 있었기 때문에, 상담자는 무엇보다 B에게 공감적이고 지지적으로 개입하고자 하였다. 또한, 상담자는 어머니가 외도로 자신을 떠났을 때 경험한 심리적 외상, 아버지와 새어머니에 대한 분노, 그러면서도 한편으로는 부모님께 인정받고 싶은 마음 등이 있음을 탐색하면서 여러 가지 감정을 재경험하고 스스로의 감정을 수용할 수 있도록 독려하였다.

❹ 내담자의 자원 탐색 및 관련기관의 협력 요청

내담자는 절도행동 근절을 하도록 하기 위해서라도 학교 복귀 및 적응을 원하고 있었다. 학교 재학 당시 학업성취도 또한 중위권을 유지하고 있었기 때문에 내담자에게는 절도행동 근절의 자원이 되었다. 상담과정에서는 학교 재학 당시 학교 선생님 및 친구들과의 관계에서 지지자원이 있었음을 확인할 수 있었는데, 이는 학교 기관의 관심이 내담자의 절도행동 근절에 큰 도움이 될 수 있을 것이라 판단되었다. 따라서, 상담자는 상담과정뿐 아니라 학교 기관의 도움을 요청하였고, 선생님 및 친구들의 도움이 필요함을 설명하여 내담자 B가 학교에서 잘 적응할 수 있도록 협조를 구하였다.

실제로, 학교·가족·상담기관의 다각적 접근은 내담자의 절도행동 근절에 큰 도움이 되었다. 내담자는 현재 학교에 돌아가 규칙적인 생활을 하고자 노력하고, 힘들고 하기 싫어도 공부를 하면 성과가 나왔던 기억을 떠올리면서 다시 공부에 힘쓰고 있다. 돈이 필요하면 부모님께 도움을 구하여 많든 적든 있는 대로 쓰려고 노력한다고 보고하였다.

2-3) 가족의 관심으로 절도행동을 근절하게 된 C 학생의 사례(유형 3)

❖ 내담자 C 사례

C는 초등학교 저학년 때 어머니가 지병으로 돌아가시고 난 후, 반지하 작은 집에서 아버지, 할머니, 동생과 함께 생활하고 있다. 아버지는 몇 달 전 직장을 그만두신 후 줄곧 집에만 계셨는데, 주로 혼자 술을 드시고는 C에게 잔소리를 하시거나 화를 자주 내셨다. 지금은 도배업을 하고 계시는데, 일이 들어오면 며칠씩 지방에 가서 계시기도 한다. 집에는 C가 학교에

〈내담자 C〉

가는 것을 챙겨주는 사람도 없었고, 하교 후 돌아와도 C를 반겨주는 사람은 없었다. 남동생이 있지만, 남동생은 학교에서 돌아오면 컴퓨터 게임만 하며 지낸다. 아버지는 수입이 적고 일정하지 않다 보니, 할머니가 시장에서 일을 하시며 생활비를 보태시곤 한다. C는 성격이 내성적이고 예민한 편이었는데 집이 좁다 보니 가족들과 부딪히는 일이 많았고, 아버지나 할머니에게 대들거나 짜증내는 일도 잦았다.

C는 집에 오면 답답하고 지저분한 집안 환경이 싫었고, 아버지의 잔소리가 듣기 싫어 집에 들어가는 것을 좋아하지 않았다. 주로 하교 이후에는 친구들과 시간을 보냈는데, 학교 친구들과 PC방, 노래방 등에서 어울리며 술, 담배를 하기도 하였다. 그런데 시간이 갈수록 유흥비가 부족해지자 친구들과 마트나 편의점에서 물건을 훔치다 주인에게 발각되어 경찰서로 가게 되었다. 이 사실을 알게 된 아버지

는 내담자에게 손찌검을 하시며 야단을 치셨는데, 이를 계기로 C는 가출을 하게 되었다. C는 가출 이후에도 친구들과 오토바이를 훔쳐 타고 다니다 경찰에 또다시 붙잡히게 되었다.

C는 절도행동을 하기 이전까지 경제적으로 궁핍하고 열악한 환경에서 살아야 했던 것에 대한 불만, 자신의 마음을 알아주는 사람은 세상에 없다는 생각 때문에 분노와 우울감, 무력감을 자주 느껴왔으며 하루하루를 기분 나는 대로 살아왔다.

그러나, C는 절도행동으로 법원을 드나들게 되면서, 할머니와 아버지가 거의 매일 눈물로 밤을 지내시며 자신을 걱정하시는 모습을 보고, 처음으로 가족들이 자신을 진심으로 위하고 있다는 것을 알게 되었다. C는 가족들의 지지로 절도행동을 근절해야겠다는 마음을 갖기 시작했고, 앞으로 어떻게 살아야 할지 고민하기 시작했다.

(1) 내담자 기본 정보

① 인적사항: 남, 15세, 중학교 재학 중, 아버지, 조모와 함께 거주
② 상담신청 경위: 절도행동으로 재판을 받은 이후 위탁교육을 해 주시던 선생님의 권유로 상담을 받게 됨.
③ 호소문제
  • 내담자: '경제적으로 너무 궁핍하고 열악하게 살다 보니 더 나은

삶을 살 수 있을까 의문이 든다', '앞으로 어떻게 살아야 할지 모르겠다', '미래가 암울하고 우울하다'

- 아버지: '집에서 A가 말을 하지 않아서 답답하다. 속마음을 알고 싶다.'

④ 이전 상담경험: 없음

⑤ 가족관계

- 아버지: 54세, 중졸. 도배업. 일이 자주 있지는 않아서 거의 집에서 지내시는 편. 술을 자주 드시고 C에게 잔소리를 자주 하심. C가 비행청소년들과 어울리는 것 같아 걱정은 되면서도 어떻게 양육을 해야 할지 막막함을 호소하심.

- 조모: 85세. 초졸. 시장에서 야채 판매. 당뇨를 심하게 앓고 계시면서도 경제활동을 계속하고 계시고, 집안일을 도맡아 하심.

- 남동생: 12세. 집에서 게임을 주로 하고 지내며, 형을 무서워하고 싫어함. C와 대화가 거의 없음

⑥ 인상 및 행동 특성: 키는 작고 마른 편. 상담실에 올 때 지각이 잦거나, 상담 약속을 잊기도 함. 그러나, C가 상담에 오지 않아 상담자가 전화를 하면 늦게라도 오려고 노력하는 편. 상담에서 자신의 마음을 설명하기 어려워하고 '잘 모르겠다'는 대답을 자주 함.

⑦ 내담자의 강점 및 자원: 가족들이 내담자의 절도행동을 위해 함께 협조

하고자 노력하며, 학교 교사 또한 학내에서 내담자가 잘 적응할 수 있
도록 적극 지원하고 있음. 절도행동을 근절하고자 하는 동기가 강한 편.

(2) 사례개념화와 상담 방향성

① 내담자 이해

- 주호소 문제 → '우울과 불안이 자주 올라올 때, 어떻게 해야 할지 모르겠다', '고등학교에 진학하고 싶다'

- 근본 원인과 그로 인해 내담자가 현재 받고 있는 영향 → 내담자는 초등학교 때 어머니가 돌아가신 이후, 조모 및 아버지에게 대들거나 짜증을 자주 내고, 학교에서 선생님들에게도 반항적인 태도를 보여 학교 적응도 어려운 상황이었음. C는 가정에서도 학교에서도 수용되는 경험을 하기 어렵게 되자, 가출을 하였는데 가출이 장기화되면서 경제적 어려움으로 인해 절도행동이 반복되고 있었음.

- 내담자가 받은 부정적 영향과 관련된 내담자 욕구 → 내담자는 어머니의 부재, 주양육자의 방임적 양육방식으로 인해 우울 및 분노가 매우 높았고, 자살충동까지도 느끼고 있었음. C는 절도청소년들과 함께 어울리며 생활하고 있었지만, 그 속에서도 '경제적으로 열악한 환경 속에서 살아가야 하는 자신의 삶이 더 나아질 수 없을 것'이라는 생각, '이 세상에는 자신을 생각해 주는 사람이 아무도

없다'는 생각, '자신은 쓸모없고 무능한 존재'라는 믿음들을 가지고 있었음.

- 내담자 이해를 바탕으로 한 상담 방향성 → C는 스스로에 대해서 '스스로가 혐오스러워서 사라지고 싶다'는 식으로 생각하고 있었고, 가족뿐 아니라 학교 선생님들도 모두 자신을 무시할 것이고 비난할 것으로 예상하고 있었음. 자살충동이 있을 정도로 우울감이 높아 우울감 감소 및 심리적 안정을 도모하고자 함. 동시에 C가 학교에서도 잘 적응할 수 있도록 학교 교사의 협조를 구하여 심리상담을 진행함.

(3) 내담자 C에 대한 상담 목표와 전략

- 상담 목표 → 자살충동·우울감 및 불안 감소
      절도행동 근절
      학교에서 교사 및 친구들과의 관계 개선
      고등학교 진학
- 상담전략 → 자신·미래·타인에 대한 부정적 신념 탐색
      가정 및 학교에서 모두 적응이 어려운 내담자였기에 공감적 경청 및 무조건적 수용을 바탕으로 심리적 지지
      약물치료의 필요성을 고려하여 병원 연계

(4) 내담자 C에 대한 상담개입과정

❶ 심리적 요인 탐색

내담자 C는 절도행동 재범으로 인해 상담실에 의뢰되었다. 심리상담이 시작되기 전 몇 가지 심리검사를 실시해 본 결과, 내담자는 충동성이 높게 나타났고 분노, 우울, 불안, 자살충동 등이 높아 심리적으로 매우 불안정한 상태였다. 이는 어머니와의 사별, 주양육자의 방임적 양육방식으로 인한 안정적 애착 대상의 부재, 경제적 궁핍 및 열악한 주거환경 등이 내담자의 심리내적 어려움에 부정적 영향을 미치고 있었다.

상담 당시 내담자는 가정에서뿐 아니라 학교에서 교사와의 관계도 좋지 않아 C를 지지해 줄 수 있는 자원이 매우 부족한 상황이었다. 이에 상담자는 내담자의 이러한 심리적 특성을 고려하여 1차적으로 공감적이고 지지적으로 C와 라포형성에 초점을 두었고, 약물 치료를 위해 병원과 연계하여 상담을 진행하였다.

❷ 부모양육 태도 탐색

내담자는 어린 시절부터 부모님의 격한 다툼에 자주 노출되었다. 아버지는 폭력을 행사하지는 않았지만 자주 욕설을 퍼부으셨고, 어머니는 이런 아버지를 참지 못하고 물건을 집어던지기도 했다. 내담자가 어린 시절의 일이고 어머니는 이후 지병으로 돌아가시게 되었지만, 내담자는 당시 트라우마로 인한 불안과 공포가 엄습하곤 한다고 하였다.

　어머니가 돌아가시고 나서는 할머니와 함께 거주하게 되었지만, 아버지는 내담자에게 관심이 별로 없었다. 내담자는 커 가면서 이런 아버지에 대한 분노가 높아져 갔고, 할머니에게도 반항하기 시작했다. 할머니는 이런 내담자를 안타까워하셨지만 감당하기 어려워 그대로 지켜보실 수밖에 없었다. 내담자는 이처럼 양육 과정에서 안정적인 애착 대상이 부재하였고 불안과 분노가 매우 높은 상황이었다. 이에 상담자는 상담과정에서 상담자와의 라포형성을 위해 공감적이고 지지적으로 접근하였다. 어린시절의 트라우마와 주양육자의 방임, 열악한 주거환경 속에서 혼자 많이 외로운 시간이었을 것에 대한 공감을 해 주며 앞으로는 상담자와 함께할 것임을 나누었는데, 이때 C는 눈물을 흘리는 모습을 보였다. 이러한 상담자의 지지적인 태도는 내담자가 상담에 꾸준히 참여하는 데 큰 동기가 되었다.

❸ 사회·환경적 요인 탐색

　내담자는 사회 환경적 자원 또한 매우 빈약한 상태였다. 내담자는 가출 이후 학교에서 친하게 지내던 소수의 친구들과도 소원해졌고, 학교 선생님과도 원만하지 못한 상태였다. 이러한 내담자의 지지대상 부재는 저조한 학업 성적, 권위자에 대한 반항적인 태도 등으로 이어졌고 악순환이 반복되고 있었다. 하지만 위탁기관에서 교육을 받던 중 담당 선생님으로부터 지지를 받으면서 조금씩 절도행동에 대해 뉘우치게 되었고, 학교로 복귀 하는 과정에서 친구의 도움, 학교 선생님의 돌봄이 내담자의 절도행동 근절에 큰 도움이 되었다. 지지자원이 부족한 절도 청소년에게 교사 1명의 진정성 있는 지지는 절도행동 근절의 결정적 계기가 되어 줄 수 있음을 보여주었다. 또한, 절도행동을 근절해 본 친구의 지지는 내담자에게 절도행동 근절의 모범이 되어 그 누구의 충고나 조언보다 큰 힘이 되어 주었다.

내담자의 절도행동은 지지자원의 부족이 부정적 영향을 미쳐 왔던 만큼 상담과정에서 내담자와의 라포 형성이 무엇보다 중요할 것으로 여겨졌다. 상담자는 내담자와의 장기 상담을 계획하고 내담자의 지지자원이 되고자 하였으며, 내담자가 부모님과의 갈등으로부터 경험했던 외상과 불안, 분노 등을 비롯하여 향후 진로 설계 등을 다루고자 하였다.

❹ 내담자의 자원 탐색 및 진로 방향의 설정

내담자는 지지자원이 매우 빈약했음에도 불구하고, 절도를 근절하고 모범적으로 생활하고자 하는 의지가 긍정적인 자원이 되었다. 상담과정에서는 이러한 내담자의 가족 환경과 심리적 특성을 감안하여 학교 선생님들의 협조가 필요하다고 생각되었다. 즉, 학교 선생님들이 내담자를 사회적 낙인을 찍어 대할 것이 아니라, 내담자가 이렇게 힘든 과정 속에서도 절도를 근절하고자 하는 노력을 하고 있다는 것을 주지시키고 지지와 실질적인 도움을 줄 것을 요청하였다. 학교 선생님들은 C가 위탁교육 이후 변화를 다짐하는 모습을 보며 생각하고 받아들이기 시작하였고, 학교 적응에 잘 적응할 수 있도록 도움을 주고자 했다. 학교 선생님들의 변화된 태도는 친구들과의 관계 개선에도 도움이 되기 시작하였다.

4. 청소년 절도행동 개입 프로그램

1) 국내외 개입 프로그램 소개

❶ 국내 프로그램

절도청소년에 관한 국내·외 선행연구를 살펴보면 오남주의 프로그램(2008)과 다이버전(Diversion: 전환) 제도가 있다.

법무부에서 개발한 오남주의 절도비행 예방 프로그램(2008)은 절도에 대한 잘못된 인식과 태도를 변화시키고 절도 욕구나 충동을 억제하는 동기를 부여하는 데 목표를 두고 있다. 또한 절도의 유혹상황을 이겨낼 수 있는 자기통제력을 기르고, 변화된 행동을 지속시켜 사회에 적응할 수 있도록 한다. 이 연구는 비행에 대한 원인과 대책에 초점을 맞춘 그동안의 연구와 비행의 예방적 개입 또는 초기 개입에 대한 필요성을 강조하였다는 데에 의의가 있다. 오남주의 프로그램은 1회에 90분씩 총 8회기로 구성되어 있으며 프로그램의 전체적인 내용은 다음과 같다. 오남주의 절도비행 예방 프로그램은 단기상담 프로그램으로 절도비행청소년들의 역기능적 충동성을 감소시키고, 책임감과 자기통제력을 증가시키는 데 효과적인 것으로 평가되고 있다.

회기	제목	목표 및 내용	세부 활동
1	널 알려줘	• 프로그램 안내 및 참여자 자발성 및 동기 향상	• 프로그램 및 운영자 소개 • 목표와 다짐 작성 • 미술표현으로 자기소개하기
2	절도~ 넌 뭐니?	• 절도에 대한 이해와 법적 정보 제공을 통한 인식 및 경각심 제고	• 절도에 대해 이해하기 • 절도 관련 처벌 법규 학습
3	왜! 그랬을까?	• 절도 경험 돌아보기를 통한 원인 탐색	• 절도 경험 원인 탐색 • 절도행동의 자기 책임 인식
4	그걸 아는 사람이 그래?	• 절도의 사회적·개인적 영향을 이해해 절도 억제에 대한 동기 부여 향상	• 절도행동의 결과(피해) 인식 • 사회와 나 스스로에게 하는 다짐 이야기 작성

회기	제목	목표 및 내용	세부 활동
5	선택과 책임은 내 것	• 절도행동의 주체로서의 자기 책임 이해 • 행동의 주체로서 절도행동에 대한 책임감 인식력 향상 • 절도행동 욕구가 높아지는 상황에서 성공적 대처 경험 을 공유하며 상호 지지하기	• 나의 자유와 선택, 그리고 책임 인식 - 절도행동 욕구가 높아지는 상황을 성공적으로 대처한 경험을 찾아 공유하며 지지받기
6	STOP! & GO!	• 절도행동의 적응적 대안 행동 탐색 • 절도행동 욕구가 높아지는 상황 재연과 'STOP&GO'기법 숙지하여 대안행동 훈련	• 대안행동 찾기 • 대안행동 적용 및 연습
7	인생은 아름다워	• 사회구성원으로서의 선택과 책임 원리 내재화 • 미래 설계를 통한 긍정적 미래상 정립	• 도미노 게임 • 미래설계하기
8	그림대로 되리라	• 자화상 그리기를 통해 절도행동을 성공적으로 극복한 긍정적 자기인식 정립	• 변화된 나의 모습 그리기 • 나와의 약속

표 8 절도비행 예방프로그램

오남주(2008).

다이버전(Diversion: 전환) 제도는 미국에서 소년비행에 대한 공식적인 형사제재의 한계에서부터 출발하였다. 1960년대 후반 미국에서는 청소년 범죄가 크게 늘면서 기존의 사법 정책으로는 더 이상 범죄를 통제할 수 없다는 목소리가 나오기 시작하였다. 특히 1967년 존슨 대통령이 "범죄에 대한 전쟁"을 선포하면서 소년비행에 대한 법의 한계 및 문제점이 논의되었고, 형사사법 체계 밖의 소년 비행자들에 대한 처우 마련을 위한 프로그램이 만들어졌다. 소년범에 대한 무조건적인 엄벌주의는 소년범의 재범률을 높이는 부작용을 낳을 수 있다는 우려하에 사법처리 대신 효율적인 선도에 대한 필요성이 제기되었고, 그 결과로서 다이버전 제도가 마련되었다. 이는 사법기관을 거치지 않고, 민간기관과 국가기관이 공조해 소년범을 교정하는 것이다. 공식적 사법처리절차가 갖는 낙인 및 범죄유발효과 등 부정적 효과를 최소화하기 위하여 체포, 기소, 판결, 구금과 같은 통상적 범죄자 처리과정에서 벗어나 사회 복귀 및 사회 내 개선·교화의 조치를 우선시한다(김용우, 2006). 우리나라의 경찰에서의 다이버전 제도는 2003년에 도입되었으며, 범죄 직후 초기 단계의 선도가 가장 중요하다는 전문가들의 조언에 따라 경찰 단계 소년범 조사 시 전문가 참여제를 운영하여, 비행소년들에게 적합한 선도를 위한 준비를 해 왔다. 현재 우리나라에서 다이버전 프로그램의 일환으로 실시되고 있는 전문가 참여제, 가족협의제도, 사랑의 교실에 대해 살펴보면 다음과 같다.

첫째, **전문가 참여제**는 소년범 재비행 방지를 위해 소년범 수사초기에 범죄 심리 전문가가 참여하여 소년범 선도 및 재범 가능성을 판단하는 것이다. 전문가 참여제도를 통해 상담을 받은 소년들의 재범율이 낮아졌으나 전문가 상담을 받은 소년들에 대한 추후관리가 잘되지 않아 재범 방지 효과의 지속성에 대해서는 의문이 제기되고 있다.

둘째, 소년범 처우에 있어서 오늘날 새롭게 제기되고 있는 것이 호주, 뉴질랜드, 북미에서 시행되고 있는 **가족협의제도**이다. 현재 우리나라에서는 화해권고제도로 시행되고 있다. 이는 금전적인 배상을 목적으로 하는 제도가 아닌 가해 소년과 피해자 사이의 갈등을 해소하고 상처를 치유함으로써 피해자의 보호와 가해소년의 건전한 사회복귀를 도모하기 위한 제도이다. 하지만 경찰관의 이해부족이나 당사자들의 불참, 경찰서 출두에 대한 거부감으로 시행에 어려움이 있다.

셋째, 소년범에 대한 개입형 다이버전으로 **사랑의 교실**이 있다. 이는 소년범에게 일정한 교육을 실시하여 또다시 비행에 빠지는 것을 사전에 차단하고 조속한 재사회화를 돕는 제도이다. 단순 훈방 처리되는 소년들에 비해 사랑의 교실에 참여한 청소년들의 재범율이 낮아졌다는 긍정적인 평가가 있다. 그러나 가정 내 부모의 방임과 양육 부재 때문에 비행을 저지르는 경우가 많으므로 지속적인 재범방지를 위해 청소년뿐 아니라 부모에 대한 개입도 다이버전 프로그램에 포함시킬 필요가 있다(박은민, 최진아, 2011).

구분	다이버전 주요 내용	
국내 다이버전	(1) 전문가 참여제 (2) 가족협의제도 (3) 사랑의 교실	
국외 다이버전	미국	(1) First Offender Program (2) Teen on Patrol Program(TOP) (3) Police Athletic League(PAL) (4) Community Opportunitues Program for Youth(COPY) (5) Intensive Aftercare Program(IAP)
	영국	(1) 최종 경고제(Final Warining Scheme) (2) 영 파운데이션(Young Foundation)

표 9 국내·외에서 실시되고 있는 다이버전

❷ 국외 프로그램

국외 다이버전 프로그램의 경우 미국, 영국 등 여러 나라에서도 실시되고 있으며, 이론적 뒷받침은 각국의 사회적, 역사적, 문화적 배경과 깊은 관계를 맺고 있다. 미국은 다이버전 운동이 가장 활발한 국가로서 전국적으로 많은 프로그램들이 운영되고 있다. 각 프로그램들의 규모나 주안점은 다양하지만 이는 치료, 상담, 고용, 교육프로그램과 같은 형태로 합리적인 대안들을 제공한다는 동일한 목표를 가지고 있으며 사법처리 대신 교정 및 예방에 초점을 두고 있다. 미국에는 초범자들을 위한 다이버전 프로그램과 비행을 예방하기 위한 다이버전 프로그램, 출원 전후 다이버전 프로그램 등으로 다양한 형태로 주별, 도시별 실정에 맞게 시행되고 있으며, 그 결과 재범율이 10% 수준으로 감소되었다. 초범자 다이버전 프로그램(First Offender Program)은 낙인이나 오명을 줄여 소년들의 재범가능성을 줄이는 데 목적이 있다.

미국 텍사스주에서의 초범자 다이버전 프로그램(First Offender Program)은 비행소년이 경미한 범죄를 처음 저질렀을 경우, 청소년보호관찰부 직원, 경찰관, 법원 관계자, 청소년 상담가, 교수로부터 비행소년과 그 부모에게 의무적인 교육과 상담 프로그램을 부과하는 제도로서 부모 또는 보호자가 6주 동안 그룹 모임에 참여하게 하고 90일 동안 다른 비행을 저지르거나 문제가 없으면 범죄 기록을 삭제해 준다. 초범자 다이버전 프로그램에는 경미한 범죄를 저지른 초범 비행소년의 의사 결정 기술을 비롯하여 자신을 스스로 통제할 수 있는 방법, 가족과 함께 문제를 해결할 수 있는 방법 등이 포함되어 있다. 뉴욕주의 초범 다이버전 프로그램은 법원에 청소년 문제를 다루는 대안을 제시하고 비행소년의 범죄 기록이 남지 않도록 기회를 제공하는 형식을 취하고 있으며 청소년 가족 상담소에서 뉴욕 주의 암허스트 청소년 위원회와 연계하여 다이버전 프로그램을 운영하고 있다. 이는 1974년 6월에 시작되어, 긍정적이고 치료적인 방법들을 사용하여 초범자들이 재범자가 되는 것을 방지하는 데 중점을 두고 있다. 프로그램의 참여자는 16세에서 20세까지의 초범 청소년들로 15주 상담 프로그램에 참여하여 매주 2시간의 청소년 가족 상담소의 전문 상담가들에 의해, 청소년과 가족 구성원에 대하여 지속적인 개인 및 가족 상담이 이루어진다. 프로그램이 성공적으로 끝이 나면 혐의를 없애 주는 추천서가 법원에 전달되어 범죄기록이 남지 않게 된다(진계숙, 2008).

Teen on Patrol Program(TOP)은 여름방학 동안 100명 이상의 비행청소년들에게 수영장, 공원, 놀이동산 등에서 순찰을 시키고, 일반 청소년들의 의심이 가는 행동이나 비행행동을 경찰에게 보고하는 방식의 프로그램으로 이 프로그램의 도입으로 뉴욕의 청소년 비행 발생률이 감소하였다. 워싱턴의 경찰 다이버전 프로그램인 Community Opportunitues Program for Youth(COPY)는 알콜과 약물문제, 그리고 갱집단에 속해 있는 청소년들과 그 부모들을 경찰관들이 주기적으로 만나 준법정신과 윤리에 대한 교육을 하는 프로그램이다. 비위협적인 주위 분위기 속에서 주기적으로 경찰관과 청소년, 부모가 만나 서로 대화를 주고받으며, 준법정신의 긍정적인 측면과 학교를 다녀야 하는 이유, 전통적인 윤리문제 등을 다룬다(한국청소년상담원, 2005).

마지막으로 출원 전후 소년원생을 위한 프로그램인 미국의 Intensive Aftercare Program(IAP)은 사후 집중 보호프로그램으로, 소년범죄자들이

시설에서 사회로 점진적으로 이동할 수 있도록 하고, 이를 통해 재범률의 감소를 도모한다. IAP는 교사 또는 멘토가 소년 범죄자들이 출원을 한 달 앞둔 소년원생과 함께 여행을 떠나거나 사회에 복귀하는 데 도움을 주는 것을 말한다(중앙일보, 2012). 또한 대안교육프로그램, 사회복귀교육, 직업훈련 프로그램, 정신건강서비스, 가족보존서비스, 약물남용치료, 재발방지 프로그램을 통하여 소년범죄자들에게 다양한 범위의 서비스를 제공하기도 한다. 성공적인 프로그램을 위해 5가지 원칙을 설정하였는데, 첫째, 사회 내에서 점차로 커질 책임과 자유에 대비하여 청소년들을 준비시켜야 하는 것, 둘째, 청소년과 지역사회 간의 상호작용과 참여를 촉진시킨다는 점, 셋째, 청소년의 성공적인 사회적응과 건설적인 상호작용을 위해 요구되는 자질들을 개발하고 지원하기 위해서 범죄자와 해당 지역사회의 지원체계(예: 가족, 동료, 학교 등)들과 함께 작업해야 한다는 점이다. 넷째, 필요한 지원과 새로운 재원을 개발해야 한다는 점, 다섯째, 청소년과 지역사회가 서로를 생산적으로 다룰 능력에 대해 검토하고 검증해야 한다는 점으로 볼 수 있다(김지선, 2004).

영국에서는 10세 이상 17세 미만 소년범들의 재범 방지 및 선도 방안의 일환으로 2001년 6월부터 「최종 경고제(Final Warining Scheme)」를 도입·실시 중이며, 제도 실시 이후 소년범 재범률이 22.5% 감소하여 소년범 재범 방지 및 선도에 크게 기여한 것으로 평가된다. 프로그램 유형으로는 행동

변화 유도를 위한 단기 상담, 분노 절제, 알코올 및 마약 남용 방지, 원활한 인간관계 유지, 피해자 이해, 인종 차별 금지 등에 대한 상담, 학업성적 향상, 읽기·쓰기 능력 개발, 사회생활, 직업 교육 등의 교육, 기술 개발, 알코올 및 마약 중독 치료, 정신 건강 치료 등의 의료 보호, 가정교육 수업에 부모와 동참 하기 등의 가정교육이 있다(진계숙, 2008). 이 프로그램은 최소 6시간, 최대 3개월을 넘지 않는 것이 일반적이다. 또한 영국의 청소년 보호재단인 영 파운데이션(Young Foundation)은 비행청소년을 사회에 적응시키는 프로그램을 운영하고 있다.

이처럼 절도행동 청소년을 위한 국내·외 개입방안 프로그램을 살펴보면 예방과 사후개입에 초점을 두고 있음을 알 수 있었다. 국내의 오남주 프로그램(2008)의 경우, 절도행동 자체에 대한 올바른 이해를 도모하고자 하였으며 절도행동에 대한 욕구를 다른 긍정적인 대안 행동으로 전환하고자 하였다. 이 프로그램의 목적은 청소년들이 절도행동에 대해 객관적으로 인식할 수 있도록 인지적인 관점에서 접근하여 재비행을 방지하는 것이다. 그러나 절도행동을 하는 청소년의 내재적인 욕구나 심리적 요인에 대해서는 다루고 있지 않아 한계가 있다. 다이버전의 경우에는 절도행동을 저지르는 절도 청소년 개인의 차원을 넘어서 사회환경적인 관점에서 절도행동 청소년을 이해하고 개입하고자 하였다. 특히 국외프로그램의 경우 재비행 방지를 위해 범죄를 저지른 청소년들을 소년원에 수감하기보다는 지역사회 차원의 치료·보호시설에서 교정프로그램을 이수하는 방향으로 정책의 초점이 바뀌고 있는 실정이다.

또한 다양한 관점에서 청소년 절도의 원인을 바라보고 재범을 방지하기 위해서는 청소년 개인뿐만 아니라 부모, 교사, 지역사회 등을 포함한 포괄적 개입과 예방계획을 수립의 필요성을 알 수 있다. 한 예로 비행에 빠질 가능성이 있는 청소년(멘티)을 전문가(멘토)와 1대 1 결연을 맺어 상담 및 지속적 선도 관리 등 사회적·정서적 지지를 제공함으로써 재비행 및 성인 범으로의 발전 가능성을 차단하고 예방할 수 있다(진주 뉴시스, 2007).

부록

참고자료 1. 절도 청소년 상담을 위한 사례개념화 절차와 양식

절도청소년 사례개념화를 위한 상담 기록 양식

날짜: _____   내담자: _____   상담자: _____

1. 내담자 인적사항
- 성별: / • 연령:
- 학력: / • 이전 상담 경험:
- 기타 주요 인적사항:

2. 상담 신청 경위: _____

_____

---

3. 가족 관계(연령/직업/기타 주요정보)

- 아버지: _____

- 어머니: _____

- 형제/자매: _____

- 조부모: _____

- 기타: _____

4. 주 호소문제

- 내담자 보고: _____

_____

- 가족 및 주요 타인의 보고: _____

_____

- 학교/보호관찰소 등 관련기관의 보고: _____

_____

5. 배경정보

- 가정 내 학대(또는 가해) 경험 여부/시기

_____

- 학대(또는 가해) 유형: ☐ 언어적 ☐ 신체적 ☐ 정서적 ☐ 방임 ☐ 기타

_____

- 기타 절도행동 촉진 사건(최근 스트레스 요인, 또래관계 요인)

_____

6. 내담자의 강점(개인적/대인 관계적 측면 등 포함)

_____

_____

7. 학교 적응 여부/학업성취도

_____

_____

8. 양육자의 양육 태도 및 관계

- 양육태도: □ 방임적 □ 강압적 □ 비일관적 □ 과잉보호적 □ 기타

_____

- 관계

  – 어머니와의 관계

: □ 안정적 □ 불안 □ 집착/회피 □ 정서적 거리감 □ 기타

_____

  – 아버지와의 관계

: □ 안정적 □ 불안 □ 집착/회피 □ 정서적 거리감 □ 기타

_____

  – 과거 초기 양육자와의 관계

: □ 안정적 □ 불안 □ 집착/회피 □ 정서적 거리감 □ 기타

_____

  – 양육자들과의 (절도행동 이후) 현재관계

_____

9. 주 양육자를 제외한 사회적 관계

_____

_____

10. 발달 시기별 심리적 특징

- 유아기: _____

_____

- 학령전기: _____

_____

- 학령기: _____

_____

- 청소년기: _____

_____

11. 현재 내담자의 절도행동에 대한 인식

☐ 문제를 인식하고 있으며 책임감을 가지고 있음

☐ 일부 영역에서 인식하고 일부 책임감을 가지고 있음

☐ 타인과 상황 탓으로 인식하고 있음

_____

12. 최근 절도행동 빈도 및 지속 기간

- 절도행동 빈도: ＿＿＿＿＿＿＿＿＿＿＿＿＿＿＿＿＿＿＿＿＿＿＿
- 지속기간: ＿＿＿＿＿＿＿＿＿＿＿＿＿＿＿＿＿＿＿＿＿＿＿＿＿＿
- 가장 최근 절도행동 시점: ＿＿＿＿＿＿＿＿＿＿＿＿＿＿＿＿＿＿
- 탈절도가 어려운 이유: ＿＿＿＿＿＿＿＿＿＿＿＿＿＿＿＿＿＿＿＿
- 탈절도 기간 및 전후 맥락: ＿＿＿＿＿＿＿＿＿＿＿＿＿＿＿＿＿＿
  - 지속 기간: ＿＿＿＿＿＿＿＿＿＿＿＿＿＿＿＿＿＿＿＿＿＿＿
  - 계기: ＿＿＿＿＿＿＿＿＿＿＿＿＿＿＿＿＿＿＿＿＿＿＿＿＿＿

13. 법적 처리절차 과정

- 사회적 낙인 경험 여부

＿＿＿＿＿＿＿＿＿＿＿＿＿＿＿＿＿＿＿＿＿＿＿＿＿＿＿＿＿＿＿＿＿

- 사회적 낙인이 내담자의 현 심리적 상태에 미친 영향

＿＿＿＿＿＿＿＿＿＿＿＿＿＿＿＿＿＿＿＿＿＿＿＿＿＿＿＿＿＿＿＿＿

14. 내담자의 심리적 특성 평가

자아존중감	☐ 절도행동에 영향을 미침 : _____	☐ 해당사항 없음
남성성	☐ 절도행동에 영향을 미침 : _____	☐ 해당사항 없음
도덕적 판단능력	☐ 절도행동에 영향을 미침 : _____	☐ 해당사항 없음
낮은 자기 통제력	☐ 절도행동에 영향을 미침 : _____	☐ 해당사항 없음
감각추구 성향	☐ 절도행동에 영향을 미침 : _____	☐ 해당사항 없음
재미와 스릴을 즐기는 성향	☐ 절도행동에 영향을 미침 : _____	☐ 해당사항 없음
우울, 불안 등 심리적 요인	☐ 절도행동에 영향을 미침 : _____	☐ 해당사항 없음
기타 특이사항		

15. 내담자의 병리적 특성 평가

성격장애 병력	☐ 절도행동에 영향을 미침 – 성격장애 유형 : _____	☐ 해당사항 없음
기분장애 병력	☐ 절도행동에 영향을 미침 – 기분장애 유형 : _____	☐ 해당사항 없음
병리적 충동성	☐ 절도행동에 영향을 미침 : _____	☐ 해당사항 없음
뇌 신경학적 기능장애	☐ 절도행동에 영향을 미침 – 병명 : _____	☐ 해당사항 없음
기타 특이사항		

참고자료 2. 상담 과정 양식

상담 계획

날짜: _____ 내담자: _____ 상담자: _____

1. 상담 초기단계

- 라포 형성: _____
- 사례 개념화 (절도행동의 근본 원인/그로 인해 내담자가 현재 받고 있는 영향/내담자 이해를 바탕으로 한 상담 방향성)

_____

_____

- 상담 목표 설정

_____

_____

- 관련 기관 협력 여부 탐색

_____

_____

2. 상담 작업단계

- 작업동맹 질 점검

_____

_____

- 목표에 맞는 진행경과 확인

_____

_____

3. 상담 종결단계

- 종결 준비 및 사후관리 계획 수립

_____

_____

참고문헌

고운미, 권일남, 김경준, 김진호, 김진화, 송병국, 양승춘, 이창식, 이채식, 임형백, 최창욱. (2002). **청소년문제행동론**. 서울: 학지사.

권석만. (2010). **현대이상심리학**. 서울: 학지사.

금명자. (2021). **상담 사례개념화 연습하기**. 학지사

김경호. (2007). 남자비행청소년의 폭력과 남성성에 관한 연구. **청소년학연구**, 14(6), 129–148.

김경호. (2008). 남자비행청소년의 절도와 남성성에 관한 연구. **청소년복지연구**, 10(3), 167–182.

김경희, 최미혜, 김수강. (2004). 고등학생의 학교생활적응과 자극추구성향에 따른 성허용성정동에 관한 상관성 연구. **아동간호학회지**, 10(2), 143–152.

김동연, 이영호, 임지향. (1994). KFD를 통한 비행청소년의 가족지각: 재산비행군과 강력비행군의 비교. **미술치료연구**, 1(1), 63–84.

김선희. (2001). **자기통제력과 청소년비행에 관한 연구**. 경기대학교대학원 석사학위논문.

김성언. (2008). 소년보호처분의 실효적 실천방안. **형사정책연구**, 19(2), 25–62.

김성이, 강지원, 구본용, 황순길. (1996). **청소년비행상담**. 서울: 정민사.

김애순, 윤진공. (1997). **청소년기 갈등과 자기이해**. 서울: 중앙적성출판사.

김영한, 서정아. (2003). **청소년 문제행동 예방과 종합대책연구**. 서울: 한국청소년개발원.

김용우. (2006). **형사정책**. 서울: 박영사.

김유자, 백용매. (2000). 정상청소년과 비행청소년의 부모양육태도와 자아개념 및 우울과의 관계. **동서정신과학**, 3(1), 139-160.

김은경. (2006). 청소년비행예방 종합대책수립을 위한 정책제언. **보호통권**, 18, 7-58.

김은진. (2001). **청소년의 문화성향과 내외통제성 및 또래동조성의 관계.** *서강대학교 석사학위논문.*

김정운, 김영희. (2009). 사회적지지와 자아존중감이 청소년의 외로움에 미치는 영향. **상담학연구**, 10(4), 2287-2301.

김지선. (2006). 청소년범죄의 발생 및 처리 실태. **보호통권**, 18, 59-125.

김지선. (2009). 소년법개정에 따른 소년보호정책 동향연구, **경찰학논총**, 4(1), 7-25.

김지선. (2004). 소년원출원생의 사후보호에 관한 연구. **한국형사정책연구원연구총서**, 4(1).

김지은. (1998). **청소년의 재비행에 영향을 미치는 요인.** 서울대학교 석사학위논문.

김진성, 구본훈, 서완석, 천은진, 박상준. (2008). 정신분열병환자의 우울증상에 미치는 요인. **생물치료정신의학**, 14(1), 110-121.

김해운. (2010). **재산비행청소년의 심리적경험에 대한 질적연구: 비행원인을 중심으로.** 전남대학교교육대학원 석사학위논문.

김희화. (2009). 청소년초기의 또래동조성과 비행간의 관계에서 어머니 감독 및 친한 친구 비행의 중재효과. **청소년학연구**, 16(7), 127-147.

노정구, 김상조. (2002). 청소년의 상점절도와 그 영향요인에 관한 이론적 연구. **동명대학교사이버비즈니스**, 1, 95-106.

대검찰청. (2016). **범죄분석.**

대검찰청. (2017). **범죄분석.**

대검찰청. (2018). **범죄분석.**

대검찰청. (2019). **범죄분석.**

대검찰청. (2020). **범죄분석.**

대검찰청. (2021). **범죄분석.**

류여해. (2009). 소년법상 소년사건의 처리방안에 관한 연구. **한국소년정책학회, 13,** 285 – 307.

박성수. (1991). 가정교육과 청소년비행의 관계: 심층적면접에 의한 분석. **한국심리학회지 발달, 4**(1), 55 – 72

박승민, 김광수, 방기연, 오영희, 임은미. (2012). **근거이론접근을 활용한 상담연구과정.** 서울: 학지사.

박영규. (2011). 신 소년법상 보호처분의 문제점과 개선방안. **소녀보호연구,** (16), 37 – 70.

박윤창, 이미경, 윤진. (1995). 자극추구동기가 청소년비행에 미치는 영향. **한국심리학회 지: 사회문제, 2**(1), 53 – 64.

박은민, 최진아. (2011). 청소년범죄 재범방지를 위한 경찰다이버전 프로그램 활성화방안. **한국콘텐츠학회논문지, 11**(11), 6.

박은주. (2004). 우울증과 도벽. **상담과 교회교육: 아동상담, 17,** 64 – 67.

박재연. (2009). 청소년 자살에 영향을 미치는 위험요인과 보호요인의 구조적 관계 검증: 보호 요인으로서 자아존중감과 사회적 지지를 중심으로, **청소년학연구, 16**(10), 249 – 272.

법무부. (2006). **범죄백서.**

법무부. (2017). 법제사법위원회 소속 금태섭 의원실 보도자료.

신의진. (2003). 고위험 자살 청소년에 대한 평가와 대처방안, 청소년 자살 어떻게 대처 할 것인가?, **세미나 자료집,** 59 – 4 – 74.

양돈규. (2000). 청소년의 감각추구성향과 인터넷 중독 경향 및 인터넷 관련 비행간의 상 관성. **청소년학연구, 7**(2), 117 – 136.

연합뉴스. (2010). 청소년강력범죄 증가 살인21%.

　　　　http://www.dt.co.kr/contents.html?article_no=2010092902019922734034

오남주. (2008). 비행청소년을 위한 절도비행 예방프로그램 개발 및 효과. **범죄예방정책연구**, 20, 381-414.

오미경. (1997). 청소년의 감각추구성향과 위험행동 간의 관계. **아동학회지**, 18(1), 109-123.

이경님. (2003). 청소년의 애착과 우울이 비행에 미치는 영향. **한국생활과학회지**, 12(1), 1-13.

이동원. (2003). 소년범죄자의 재범특성에 관한 고찰: 범행의 발전양상과 재범가능성을 중심으로. **형사정책**, 15(20), 335-367.

이동훈, 김세진, 조미영, 이진현, 방소희. (2011). 청소년 절도행동의 이해: 문헌고찰을 중심으로. **청소년상담연구**, 19(1), 23-48.

이병학. (2009). **일본 소년범죄 대책에 대한 연구-일본경찰청의 소년대화회를 중심으로.** 부산: 부산지방경찰청.

이성식. (2000). 청소년범죄로서 재미와 스릴. **한국공안행정학회보**, 9, 53-80.

이수경. (1998). 여고생의 의복행동과 자기효능감 및 감각추구성향과의 관련 연구. **한국의류학회지**, 80, 931-941.

이수정, 조은경. (2005). 경찰단계에서의 소년범위험성 평가를 위한 비행촉발요인 조사도구 개발. **한국심리학회지: 사회및성격**, 19(1), 27-42.

이순희, 허만세. (2015). 청소년의 우울과 비행의 종단적 인과관계 분석. **청소년복지연구**, 17(2), 241-264.

이시형, 김은정, 김미영, 김진영, 이규미, 구자경. (2001). **외톨이 청소년의 심리사회적특성과 부적응.** 서울: 삼성생명공익재단사회정신건강연구소.

이은진. (2004). 구조화된 집단상담이 비행청소년의 자아존중감과 분노에 미치는 효과. 정신간호학회지, 13(3), 354−361.

이정균. (1996). 병원도 경영(經營)해야산다: 빨리 변하는 병원이 이긴다. 한양대학교출판원.

이정주. (2008). 최근 소년법개정과 소년보호관찰제도의 과제. 소년보호연구, 11, 1−22.

이진현, 이동훈. (2012). 절도청소년의 자아존중감 부모양육태도 학교적응유연성. 상담학연구, 13(1), 231−253.

전병재. (1991). 청소년 친구집단과 비행 간의 상관성 연구. 서울: 한국형사정책연구원

정귀화. (2002). 충동성과 가족의 구조적 결손이 청소년비행에 미치는 영향. 충남대학교 교육대학원 석사학위논문.

정옥분, 임정하, 정순화, 조윤주. (2010). 청소년의 자극추구성향척도 개발 및 타당화 연구. 한국인간발달학회, 17(1), 385−198.

정옥분, 임정하, 정순화, 조윤주. (2010). 청소년의 자극추구성향 척도 개발 및 타당화 연구. 한국인간발달학회, 17(1), 385−198.

정익중. (2006). 자아존중감과 청소년 비행 간의 상호적 영향. 사회복지연구, 31, 133−159.

조학래. (2004). 가출청소년의 비행에 영향을 미치는 요인연구. 행정논집, 31, 170−198.

중앙일보. (2012). 소년범. 사회가 멘토로 나설 때다.

　　　http://article.joinsmsn.com/news/article/article.asp?total_id=7765469&cloc=olink|article|default

중앙일보. (2012). 소년범은 근성 강해. 어려움 닥치면 더 잘 뚫을 것.

　　　http://article.joinsmsn.com/news/article/article.asp?total_id=7755902&cloc=olink|article|default

진계숙. (2008). **소년범에 대한 경찰다이버전 제도 도입 방안.** 경북대학교행정대학원 석사학위논문.

진주뉴시스. (2007). 진주경찰서, 소년범 재범방지 및 선도위한 멘토링 프로그램 운영. http://news.naver.com/main/read.nhn?mode=LSD&mid=sec&sid1=001&oid=003&aid=0000483910

통계청. (2012). **청소년통계.** 서울: 통계청.

통계청. (2021). **청소년통계.** 서울: 통계청.

하상훈. (2001). **청소년의 자살충동과 심리사회적 변인과의 관계.** 인하대학교 박사학위논문.

한국청소년상담원. (2002). **청소년 도벽의 이해와 대처.** 서울: 한국청소년상담원.

한국청소년상담원. (2002). **청소년비행 상담.** 서울: 한국청소년상담원.

한국청소년상담원. (2005). **(경찰다이버전 체제 운영을 위한)학교폭력가해자 상담모형 개발.** 서울: 한국청소년상담원.

한국형사정책연구원. (2014. 06. 19). 범죄분석통계시스템. http://arc.crimestats.or.kr/crimestats/main/index.k2?cmd=main

홍은주. (2007). 도벽아동의 놀이치료 사례연구. **한국놀이치료학회지,** 10(3), 99-112.

Aizer, A., Lowengrub, K. & Dannon, P. N. (2004). Kleptomania after head trauma two case reports and combination treatment strategies. *ClinNeuropharmacol,* 27(5), 211-215.

Akiskal, Hagop S. (1997). Dysthymia and the spectrum of chronic depressions. Guilford Press.

Arnett, J. (1990b). Drunk driving, sensation seeking, and egocentrism among adolescents. *Personality and Individual Differences, 11,* 541−546.

Arnett, J. (1996). Sensation seeking aggressiveness and adolescent reckless behavior. *Personality and Individual Differences, 20*(6), 693−702.

Babin, B. J. & Griffin, M. (1995). A closer look at the influence of age on consumer ethics. In F. R. Kardes & Sujan (Eds.). *Advances in Consumer Research, 22,* 668−673.

Balye, F. J., Caci, H., Millet, B., Rcha, S. & Olie, J. (2003). Psychopathology and cormorbidity of psychiatric disorders in patients with kleptomania. *The American Jurnal of Psychiatry, 160*(8), 1509−1513.

Barratt, E, S. & Patton, J. (1983). Impulsivity: Cognitive, behavioral and Psychophysiological correlates. In M. Zuckerman (Ed.), *Sensation seeking: Beyound the optimal level of arousal.* 77−116. Hillsdale, NJ: Erlbaum.

Barry, J. B. & Laurie, A. B. (1996). Effects of moral cognitions and consumer emitionsin shoplifting intentions. *Psychology & Marketing, 13*(8), 785−802.

Baumer, T. & Rosenbaum, D. (1984). *Combatting Retail Theft: Programs and Strategies.* Stoneham, MA: Butterworth.

Bonfanti, A. B. & Gatto, E. M. (2010). Kleptomania, an unusual impulsive control disorder in Parkinson's disease?. *Parkinsonism & related disorders, 16*(5), 358−359.

Bussey, K. & Perry, D. G.(1984). *Social development.* Englewood Cliffs, NJ: Pretice−Hall.

Carrasco, M., Barker, E. D., Temblay, R. E. & Vitaro, F. (1996). Eysenck's personality dimension as predictors of male adolescent trajectories of physical aggression, theft and vandalism. *Personality and Individual Differences, 41*, 1309-1320.

Cauffman, E., Claus, E., Shulman, E., Banich, M., Graham, S., Woolard, J. & Steinberg, L. (2008). Responding to reward versus punishment: How adolescents differ from adults in performance on the Iowa gambling task. *Manuscript submitted for publication.*

Coie, J. D. & Miller-Johnson, S. (2001). *Peer Factors and Interventions.* Thousand Oaks, CA: Sage Publications.

Connell, R. W. (1995). *Masculinities: University of California Press.* Berkeley, CA.

Cox, D., Cox, A. D. & Moschis, G. P. (1990). When consumer behavior goes bad: An investigation of adolescent shoplifting. *Journal of Consumer Research, 17*, 149-159.

Dickman, S. (1990). Functional and disfunctional impulsiveness and in a dimensional system of personality decription. *British Journal of Personality and Clinical Psychology. 16*, 57-58.

Downey, G. & Coyne, J. C. (1990). Children of depressed parents: An integrative review. *Psychological Bulletin, 108*(1), 50-76.

Elliot, D. S. & Menard, S. (1996) *Delinquent Friendsand Delinquent Behavior: Temporal and Developmental Patterns.* Cambridge: Cambridge University Press.

Elliot, D. S., Huizinga, D. & Ageton, S. (1985). Explaining Delinquency and Drug Use. *Beverly Hills,* CA: Sage.

Eysenck, H. J. & Eysenck, S. B. G. (1985). *Personality and individual difference: A natural science approach.* NY: Plenum Press.

Eysenck, H. J. & Eysenck, S. B. G. (1985). *Personality and individual difference: A natural science approach.* NY: PlenumPress.

Farrington, D. P. (1996). The explanation and prevention of youthful offending. *Delinquency and crime: Current theories*, 68−148.

Farrington, D. P. & West, D. J. (1990). *The Cambridge Study in Delinquent Development: A Long Term Follow−up of 411London Males.* Berlin: Springer−Verlag.

Fotti, Katz, Afifi & Cos. (2006). The associations between peer and parental relationships and suicidal behaviors in early adolescents. *The Canadian Journal of Psychiatry, 51*(11), 698−703.

Frank J. M. & Gloria E. M. (1999). Nondelinquent Youths' Stealing Behavior And Their Perceptions of Parents School and Peers, Adolescence. *Adolescence, 34*(135), 577−591.

Frank J. M. & Gloria E. M. (1999). Nondelinquent youths' stealing behavior and their perceptions of parents, school, and peers, adolescence. *v*(135), 577−591.

Gilligan, C. (1982). *Ina different voice.* Cambridge: Harvard UP.

Goldner, E. M., Geller, J., Birmingham, C. L. & Remick, R. A. (2000). Comparison of shoplift behavior in patients with eating disorders, psychiatric controls and normal controls. *Canadian Journal of Psychiatry, 45*(5), 471−475.

Gorman−Smith, D. & Tolan, P. (1998). The role of exposure to community violence and developmental problems among inner−city youth. *Development and Psychopathology, 10*, 101−1.

Gottfredson, M. & T. Hirschi (1990). *A General Theory of Crime.* Stanford: Stanford University Press.

Grant, J. E. (2003). Family history and psychiatric comorbidity in persons with kleptomania. *Comprehensive Psychiatry, 44*(6), 437−441.

Grant, J. E. (2006). Understanding and treating kleptomania: New models and new treatments. *Isr J Psychiatry Relat Sci, 43*(2), 81−87.

Grant, J. E. & Kim, S. W. (2002a). Adolescent kleptomania treated with naltrexone. *European Child & Adolescent Psychiatry, 11*, 92−95.

Grant, J. E. & Kim, S. W. (2002b). Clinical characteristics and associated psychopathology of 22 patients with kleptomania. *Comprehensive Psychiatry, 43*(5), 378−384.

Grau, E. & Ortet, G. (1999). Personality traits and alcohol consumption in a sample of non−alcoholic women. *Personality and Individual Differences, 27*, 1057−1066.

Gray, J. A. (1987). Perspectives on anxiety and impulsivity: A commentary. *Journal of Research in Personality, 21*, 493−509.

Hamid, R. A. (2007). Effect of self−esteem on substance−abuse, theft and prostitution. *Journal of Chinese Clinical Mediane, 2*(1), 18−23.

Hernandez L. P. (1993). *The role of protective factors in the school resilience of mexican american high school students.* Stanford University.

Judy, B. & Eileen, S. N. (2000). Relationship Between Parents Peers Morality and Theft in an Adolescent Sample. *The high School journal, 83*(3), 31−42.

Katz, J. (1988). *Seduction of Crime.* New York: Basic Books.

Klemke, L. W. (1982). Exploring juvenile shoplifting. *Sociology and Social Research, 67*, 59−75.

Krakowski, A. J. (1970). Depressive reactions of childhood and adolescence.

Psychosomatics, 11(5), 429−433.

Krohn, M. D., Massey, J. L. & Skinner, W. F. (1987). A Sociological Theory of Crime and Delinquency: Social Learning Theory. New York: PlenumPress.

Krohn, M. D., Massey, J. L. & Skinner, W. F. (1987). A Sociological Theory of Crime and Delinquency: Social Learning Theory. New York: PlenumPress.

Lester, D., & Perdue, W. C. (1974). The detection of attempted suicides and murderers using the Rorschach. Journal of psychiatric research, 10(2), 101−103.

Loeber, R. (1990). Development and risk factors of juvenile antisocial behavior and delinquency. Clinical Psychology Review, 10, 1−42.

Loeber, R. (1991). Antisocial behaviour: More enduring than changeable? Journal of the American Academy of Child and Adolescent Psychiatry, 30, 393−397.

Lovejoy, M. C., Graczyk, P. A., O'hare, E. & Neuman, G. (2000). Maternal depression and parenting behavior: A meta−analytic review. Clinical Psychology Review, 20, 561−592.

Lovejoy, M. C., Graczyk, P. A., O'hare, E. & Neuman, G. (2000). Maternal Depression and Parenting Behavior: Ameta−analytic review. Clinical psychology review, 20, 561−592.

McCord, J. (2001). Forging criminals in the family. In S.O. White. Handbook of youth and justice. The plenum series in crime and justice. Netherlands: Kluwer Academic Publishers.

McElroy, S. L., Pope, H. G., Hudson, J. I., Keck, P. E. & White, K. L. (1991). Kleptomania: A report of 20 cases. The American journal of Psychiatry,

148(5), 652−657.

Messerschmidt, J. W. (1993). *Masculinities and crime*. Lanham, MD: RowmanandLittlefield.

Messerschmidt, J. W. (2000). *Nine lives: Adolescent Masculinities, the Body, and Violence*. Boulder, Colorado: WestviewPress.

Michelson, L. (1987). *Cognitive−behavioral Strategies in the Prevention and Treatment of Antisocial Disorders in Children and Adolescents*. Beverly Hills, CA: SagePublications.

Miller, G. E. & Klungness, L. (1989). Childhood Theft: A Comprehensive Review of Assessment and Treatment. *School Psychology Review, 18*(1), 82−97.

Miller, G. E. & Moncher, F. J. (1988). Critical Issues in The Assessment Of Childhood Stealing Behavior. *Advances in Behavioral Assessment of Children and Families, 4*, 73−96.

Moffitt, T. E. (1993). "Adolescence−limited" and "Life−course−persistent" antisocial behavior: A developmental taxonomy. *Psychological review, 100*, 674−701.

Moffitt, T. E. (1993). "Adolescence−limited" and "Life−course−persistent" antisocial behavior: A developmental taxonomy. *Psychological Review, 100*, 674−701.

O'Donnell, J., Hawkins, J. D. & Abbott, R. D. (1995). Predicting serious delinquency and substance use among aggressive boys. *Journal of Consulting and Clinical Psychology, 63*(4), 529−537.

Patterson, G. (1986). Performance Models for Antisocial Boys. *American Psychologist, 41*, 432−444.

Patterson, G. (1986). Performance Models for Antisocial Boys. *American Psychologist, 41*, 432−444.

Puig—Antich, J. (1982). Major depression and conduct disorder in prepuberty. *Journal of the American Academy of Child Psychiatry, 21*(2), 118—128.

Regnerus, M. D. (2002). Freinds' influence on adolescent theft and minor delinquency: A developmental test of peer—reported effects. *Social Ascience Research, 31*(4), 381—705.

Sanders, M. R. (1999). Triple P—Positive Parenting Program: Towards an empirically validated multilevel parenting and family support strategy for the prevention of behavioural and emotional problems in children. *Clinical Child and Family Psychology Review, 2*, 71—90.

Sanders, M. R. & Markie—Dadds, C. (1996). *Triple P: A Multilevel Family Intervention Program for Children with Disruptive Behaviour Disorders.* Melbourne: Australian Psychological Society.

Spencer, M, B. (1999). Social and cultural influences on school adjustment; The application of an identity—focused cultural ecological perspective. *Educational psychologist, 34*, 43—57.

Strauss, A., & Corbin, J. (2001). 근거이론의 단계[*Basicsof Qualitative Research: Grounded Theory Procedures and Techniques*]. (신경림 역). 서울: 현문사.

Susman, E. J., Trickett, P. K., Ianotti, R. J., Hollenbeck, B. E. & Zahn—Waxler, C. (1985). Childrearing patterns in depressed, abusive, and normal mothers. *American Journal of Orthopsychiatry, 55*, 237—251.

U. S. Department of Justice. (2001). *Crime in the United States 2000.* Wahsington, DC: U.S.

Warr, M. (1993). Parents, peers and delinquency. *Social Forces, 72*, 247—264.

Wright, A. J., Nichols, T. R., Graber, J. A., Brooks−Gunn, J. & Botvin, G. J. (2004). It's not what you say, it's how many different ways you can say it: Links Between divergent peer resistance skills and delinquency a year later. *Journal of Adolescent Health, 35*, 380−391.

Yuksel, E. G., Taskin, O., Ovali, G. Y., Karacam, M. & Danaci, A. E. (2007). Case report: kleptomania and other psychiatric symptoms after carbon monoxide intoxication. *Turkish Journal of Psychiatry, 18*(1), 1−6.

Zuckerman, M. & Link, K. (1968). *Biological Bases of Sensation Seeking Impulsivity and Anxiety.* New Jersey: Erlbaum Associates.

Zuckerman, M. (1979). *Sensation Seeking: Beyond the Optimal Level of Arousal.* Lawrence Erlbaum, Hillsdale, NJ.

Zuckerman, M. (1994). *Behavioral expressions and biosocial bases of sensation seeking.* NY: Cambridge University Press.

| 공저자 약력 |

이동훈　성균관대학교 교육학과 교수(상담심리전공)
　　　　플로리다대학교 박사(Ph.D.)
　　　　(현) 성균관대학교 카운슬링센터장
　　　　　　성균관대학교 외상심리건강연구소 소장
　　　　　　법무부 법무보호위원
　　　　　　한국상담심리학회 1급, 한국상담학회 수련감독급
　　　　(전) 2021년 행정안전부 장관상
　　　　　　전국학생생활상담센터협의회 회장 역임
　　　　　　한국상담학회 대학상담학회 회장 역임
　　　　　　한국청소년상담원 상담조교수
　　　　　　부산대학교 부교수

류도희　가야대학교 행정대학원 사회복지상담학과 교수
　　　　대구가톨릭대학교 박사
　　　　(현) 한국상담학회 부부가족상담 전문수련감독급
　　　　　　W.G.I. International Instructor/한국현실치료상담학회 수퍼바이저
　　　　　　법무부 전문심리위원

김세진　한국청소년상담복지개발원 청소년복지시설지원부장
　　　　부산대학교 박사, 교육심리 및 상담심리전공
　　　　청소년상담사1급

전지열　성균관대학교 외상심리건강연구소 박사 후 연구원
　　　　성균관대학교 박사, 교육학(상담교육) 전공
　　　　한국상담심리학회 상담심리사 1급

조미영 부산교육대학교 강사

부산대학교 박사과정, 교육심리 및 상담심리전공

청소년상담사 2급

이진현 한국해양대학교 교육혁신센터 전임연구원

부산대학교 박사수료, 교육사 및 교육철학전공

청소년상담사 2급

방소희 한국청소년상담복지개발원 상담원

부산대학교 석사, 교육심리 및 상담심리전공

한국상담심리학회 상담심리사 2급

신채영 부산대학교 효원상담원 전임상담원

부산대학교 박사수료, 교육심리 및 상담심리 전공

한국상담심리학회 상담심리사 2급, 직업상담사 2급

성균관대학교 외상심리연구소
상담자를 위한 상담실무서 시리즈 1

청소년 절도행동의 이해와 상담개입

초판발행　　　2023년 4월 1일

지은이　　　　이동훈 외 7인
펴낸이　　　　노　현

편　집　　　　윤혜경
기획/마케팅　　노　현
표지디자인　　이영경
제　작　　　　고철민 · 조영환

펴낸곳　　　　㈜ 피와이메이트
　　　　　　　서울특별시 금천구 가산디지털2로 53, 한라시그마밸리 210호(가산동)
　　　　　　　등록 2014. 2. 12. 제2018-000080호

전　화　　　　02)733-6771
f a x　　　　02)736-4818
e-mail　　　　pys@pybook.co.kr
homepage　　www.pybook.co.kr
ISBN　　　　979-11-89643-76-8　94180
　　　　　　　979-11-6519-301-0　(세트)

정 가　　　　11,000원

박영스토리는 박영사와 함께하는 브랜드입니다.